高校体育教学与
科学化锻炼研究

孙琦林 | 著

吉林人民出版社

图书在版编目（CIP）数据

高校体育教学与科学化锻炼研究 / 孙琦林著 . -- 长春：吉林人民出版社，2022.8
ISBN 978-7-206-19504-4

Ⅰ.①高… Ⅱ.①孙… Ⅲ.①体育教学—教学研究—高等学校 Ⅳ.① G807.4

中国版本图书馆 CIP 数据核字（2022）第 206431 号

责任编辑：刘　学
封面设计：皓　月

高校体育教学与科学化锻炼研究
GAOXIAO TIYU JIAOXUE YU KEXUEHUA DUANLIAN YANJIU

著　　者：孙琦林
出版发行：吉林人民出版社（长春市人民大街 7548 号　邮政编码：130022）
印　　刷：廊坊市海涛印刷有限公司
开　　本：787mm×1092mm　　　　1/16
印　　张：11.75　　　　字　　数：205 千字
标准书号：ISBN 978-7-206-19504-4
版　　次：2023 年 1 月第 1 版　　　印　　次：2023 年 1 月第 1 次印刷
定　　价：58.00 元

如发现印装质量问题，影响阅读，请与印刷厂联系调换。

前言

健康是促进人的全面发展的必然要求，科学锻炼是提高健康水平，促进身体健康一个非常重要的因素。目前，我国高校体育教学多采用体育专项技术教授，益于学生提高运动技能，另外，应强化对学生进行关于体育锻炼知识科学化、系统化的理论教学，重点解决学生在体育素质提高和体育锻炼过程中面临的困惑，并纠正出现的误区，突出体现体育锻炼理论知识的科学性。

基于此，本书以"高校体育教学与科学化锻炼研究"为题，共设置六章：第一章阐述体育与高校体育教学基本认知、高校体育教学的目标与过程、高校体育教学的方法及优化；第二章分析体育课堂教学的准备内容、体育课堂教学的组织与管理、体育课堂教学环境及其多媒体技术、体育教学评价设计及其标准；第三章探讨微课在高校体育教学中的应用、慕课在高校体育教学中的应用、翻转课堂与混合式教学的应用、体育说课与模拟上课教学实践；第四章讨论体育锻炼的科学分析，体育锻炼的行为理论，体育锻炼的原则、方法与计划；第五章探讨体育锻炼与力量素质发展、体育锻炼与速度素质发展、体育锻炼与耐力素质发展、体育锻炼与柔韧素质发展；第六章探究高校体育轮滑运动教学与锻炼、高校体育旱地冰壶运动教学与锻炼、高校体育田径运动教学与科学化实践。

全书结构逻辑清晰，从高校体育教学的基本认知进行引入，系统性地从体育课堂教学、信息化教学方法、体育锻炼的科学理论及素质发展、体育科学化锻炼等方面进行解读。另外，本书注重理论与实践的紧密结合，对我国体育教育具有一定的参考价值。

  本书的撰写得到了许多专家学者的帮助和指导，在此表示诚挚的谢意。由于笔者水平有限，加之时间仓促，书中所涉及的内容难免有疏漏与不够严谨之处，希望各位读者多提宝贵意见，以待进一步修改，使之更加完善。

目录

第一章　高校体育教学概述

第一节　体育与高校体育教学基本认知……………………………… 1
第二节　高校体育教学的目标与过程………………………………… 7
第三节　高校体育教学的方法及优化………………………………… 11

第二章　高校体育课堂教学与评价分析

第一节　体育课堂教学的准备内容…………………………………… 37
第二节　体育课堂教学的组织与管理………………………………… 45
第三节　体育课堂教学环境及其多媒体技术………………………… 49
第四节　体育教学评价设计及其标准………………………………… 52

第三章　高校体育信息化教学方法实践

第一节　微课在高校体育教学中的应用……………………………… 60
第二节　慕课在高校体育教学中的应用……………………………… 70
第三节　翻转课堂与混合式教学的应用……………………………… 79
第四节　体育说课与模拟上课教学实践……………………………… 89

第四章　高校体育锻炼的科学理论基础

第一节　体育锻炼的科学分析……………………………………………97
第二节　体育锻炼的行为理论……………………………………………99
第三节　体育锻炼的原则、方法与计划…………………………………104

第五章　高校体育科学化锻炼与素质发展

第一节　体育锻炼与力量素质发展………………………………………116
第二节　体育锻炼与速度素质发展………………………………………126
第三节　体育锻炼与耐力素质发展………………………………………130
第四节　体育锻炼与柔韧素质发展………………………………………134

第六章　高校体育运动教学与科学化锻炼

第一节　高校体育轮滑运动教学与锻炼…………………………………139
第二节　高校体育旱地冰壶运动教学与锻炼……………………………156
第三节　高校体育田径运动教学与科学化实践…………………………171

结束语……………………………………………………………………178
参考文献…………………………………………………………………179

第一章

高校体育教学概述

第一节 体育与高校体育教学基本认知

一、体育的类型与功能

（一）体育的类型

1. 学校体育

学校体育是在各个学校开展的有目的的体育教育活动，旨在提高学生身体素质，教授体育知识、技能等，同时也可以培养学生的意志品质。学校体育是体育的一部分，也是教育的一部分，我国体育事业的发展离不开学校体育。学校体育教育的主要目的是锻炼学生的身体、增强体质，培养学生的意志品质以及终身体育的思想。学校体育由体育课、课外体育活动、体育训练和课外比赛竞技四个部分组成。

2. 竞技体育

竞技体育可以最大限度地激发人们的潜能，使人们的体格、体能、心理、运动技能等能力得到锻炼。人们为了在比赛中获得好成绩，会进行一系列的科学训练和比赛，这些都属于竞技体育的一部分。竞技体育是文化领域中的特殊部分，在体育领域中占有最高地位，也是世界体育文化的主体，在大众文化中具有很高的地位。竞技体育将人体的能力发挥到了极限，观赏性和感染力较强。同时，竞技体育也可以凝聚、团结民族力量，振奋民族精神。

3. 社会体育

社会体育主要是人民群众为了锻炼身体、进行康复训练、休闲娱乐等而进行的体育活动，它的形式多样，受众广泛。社会体育主要群体是人民群众，涉及社会生活的各个领域，包含的内容也十分多样，比如娱乐体育、休闲体育、养生体育、医疗体育等。当今社会，人们不断提高对自身的发展重视程度，对自身知识水平和身体素质要求也更高。身体素质主要指身体健康、体形、精神状态和自身气质等，人们会选择进行社会体育和学校体育活动来提高身体素质。

（二）体育的功能

体育的功能产生于体育的本质和社会的需要，并从促进社会物质文明和精神文明中表现出来。体育的功能具体如下：

1. 健身功能

体育是以身体的直接参与来表现的，这是体育最本质的特点，它决定了体育的健身功能。

（1）改善大脑供血和供氧，提高中枢神经系统的适应能力，能使人心情舒畅，调节社会、生活和工作的压力。

（2）促进人体的生长发育，加速新陈代谢。

（3）对人体内脏器官构造的改善有着积极作用。

（4）刺激骺软骨的增生，促进骨骼的生长。

（5）提高肌肉的工作能力。

（6）提高人体的免疫力、抗疾病能力和心理承受能力。

（7）提高人体对自然环境和社会环境的适应能力，预防疾病，延缓衰老。

2. 娱乐功能

体育运动既可以帮助人们提高身体素质，也可以获得精神上的愉悦，陶冶情操，人们可以在运动中暂时放下繁忙的工作，让身心获得暂时的休息。实现体育娱乐功能的主要途径是参观和参与。体育运动具有极高的观赏性，尤其是高水平的竞技体育活动，能够展现出力量与速度的完美结合，让观众欣赏到人体力量和运动之美。另外，体育活动可以让参与者相互配合，在与他人的竞技中获得不一样的身心体验，娱乐自身。

3. 社会化功能

人的社会化就是个体社会化，是人从生物的人变为社会的人的过程。而在这一转变过程中，体育运动扮演着重要角色。人们学会的基本生活技能都是通过体育运动获得的，如婴儿的被动体操、儿童的打闹嬉戏、长大后适应社会等，都需要通过体育活动获得。人们在进行体育运动时，必须遵守体育规则，通常由教师或教练告知规则并进行监督，这一过程就是让人们养成遵守社会规则的行为习惯。

体育运动具有社会性，在体育运动中，人们相互交流，彼此默契配合，可以促进人际交往，提高人们的沟通能力。为了促进人类社会健康发展，就要在社会各类人群中普及健康和体育运动相关知识，使青少年、中年人、老年人等不同年龄段的人都能通过获得的体育知识进行健康的体育活动，培养健康的生活方式。在促进个体社会化方面，体育已经深入社会生活的方方面面，扮演着重要的角色。

4. 教育功能

体育是教育的重要组成部分，体育的教育功能是其最基础的功能。人们在参与各类体育活动的同时也在接受教育，无论是在学校、俱乐部还是训练场以及其他各类场所的锻炼，都会有教师、教练和同伴进行指导和教授。尤其在校学生处于身体生长发育阶段，也处于世界观、价值观的形成时期，进行体育运动，不仅可以提高学生身体素质，增强体质，而且还可以让学生接受意志品质和思想道德规范等方面的教育。

同时，体育还具有群体性、国际性、礼仪性和竞技性等特点，不仅可以向人们传递某种价值观，还可以激发群众的爱国热情，增强民族凝聚力，教育人们积极健康发展。此外，人们在观看体育比赛和参与体育活动过程中也会受到社会的影响，接受社会教育。

5. 政治功能

体育在政治中主要有两个作用：一是在国际比赛和交流中具有重要作用；二是在群众体育中具有重要作用。

国际比赛可以反映出一个国家的实力，从一个国家竞技体育水平的高低，可以看出一个国家政治、经济、文化等方面的发展情况。此外，体育还可以增进不同国家之间的文化交流，服务于外交，通过国际比赛连接不同国家，促进交流合作和友好往来。

6.经济功能

经济发展为国家发展提供物质保障，体育的发展也离不开经济的支持。一个国家的体育运动发展情况通常可以反映出这个国家的经济发展水平。经济发展促进体育发展，体育运动的发展又可以推动经济进步。如今，体育作为第三产业，在经济中的地位日益提升，与商品经济联系日益紧密。

体育运动主要从两个方面获得经济收益：一是大型运动会，通过售卖门票、印发纪念币、邮票、体育彩票等获得收益；二是日常体育活动，利用体育设施，组织热门体育项目比赛，开展娱乐体育活动，售卖体育服装、体育设施，同时组织旅游活动，体育咨询等来获得经济收益。

二、高校体育教学的基本认知

"作为高校主要课程之一的体育课，同其他学科一样面临着课程体系、教学模式的更新与改革。"[①]体育在整个教育过程中具有不可替代性，体育是学校教育的重要组成部分，同时又具有体育的属性和功能，是促进学生全面发展的重要手段。高校体育属于教育学和体育学下的学科层次，所以体育和教育有相同的属性。一方面，学校教育的构成包括高校体育，因此二者的目标是相同的；另一方面，体育中也包含高校体育。

因此，体育的属性也应被高校体育展现得淋漓尽致，通过基本的身体运动和练习，强健体魄，加强人体机能，让大学生的身心得到更好发展。总的来说，通过基本的身体运动和练习，运用科学的培育方式提高大学生身体机能，让德、智、体、美在其心理和生物潜能不断开发的过程中得到发展，实现身体和心理的健康，这就是高校体育的目标，也是教学发展的总目标。

（一）高校体育教学的任务

"学生的体质是高校为社会培养人才的一个重要保证，作为高等教育的重要

---

① 潘跃华.论高校体育教学改革[J].成人教育，2012，32（7）：117.

组成部分，高校体育的重要性日渐突出。"[1]我国高校体育要实现的目标既要依照体育功能、大学生所处的年龄段，还要依照我国教育事业和现代社会的发展需要，其目标是让大学生具备健康体育的意识，提高体育技能，自觉坚持体育锻炼，增强自身体质，让大学生有正确的体育观念、良好的行为习惯和思想品格，全面发展德、智、体、美、劳，为发展社会主义事业打下良好的基础。以下这些任务可以帮助高校体育更好地实现目标：

第一，增强体质、增进健康，这是我国高校体育要完成的最重要任务。其既反映了体育具备的最本质功能，也符合当前我国大学生身心健康发展和社会主义建设的需要。大学生基本都处在最具生命活力的青年期，应特别注重身心的健康发展，可以在这一时期督促大学生对体育运动的学习，使其养成良好的生活习惯，身体健康和心理健康两手抓，使其具备快速适应环境和参与各种活动的能力。

第二，坚持锻炼身体，学习体育健康知识并掌握相关技能。为保证大学生具备正确的体育意识，充分了解体育健康知识，激发大学生参与体育锻炼的热情，保证身体健康，就需要大学生不断学习有关体育和健康方面的知识，科学地参与运动锻炼，熟练掌握技术，并养成坚持锻炼身体的好习惯。这些可以很好地满足大学生以及当代人身体健康的需要。

第三，培养良好思想品德、意志，促进学生个性完善发展。育"体"和育"心"在高校体育中同样重要。体育本身具备的特征为高校体育提供了多种多样的形式，但要在筹备体育竞赛、开展运动训练活动、安排体育课程等过程中时刻关注学生思想和意志方面的学习，鼓励学生积极锻炼身体，早日投身于建设社会主义现代化中；培养大学生具备奋发图强、敢于拼搏、吃苦耐劳、团结友爱的优秀品格；鼓励大学生积极养成健康的行为，具备发现美、表达美、热爱美的能力，让大学生实现更高更好的追求。

第四，提高运动技术水平，为国家培养体育人才。高校在积极推动群众性体育活动的同时，也应着重培养一些具备专项运动才能、体育运动突出的大学生，科学合理地为他们安排训练，让大学生充分发挥体能和智能的长处。要始终遵循

---

[1] 许砚田，毛坤，邢庆和.高校体育教学模式的探讨[J].北京体育大学学报，2001，24（4）：508.

体育运动的规则，开展科学、系统的训练，让大学生的运动水平得到极大提高。这样不仅可以丰富大学生的课余生活，也有利于开展各类群众体育活动，还可以增加国家竞技运动人才的储备。

（二）高校体育教学的工作

1. 体育课程教学

体育课程教学是高校体育中的重要组成部分，是实现我国高校体育目的与任务的主要途径之一。教育部把体育课改为体育与健康课，这为体育课教学工作的正常开展提供了强有力的法规保证。

通过开设体育与健康理论课、体育实践课和体育保健课，向学生传授体育基础理论知识，提高大学生对体育的认识，树立终身体育的观念；学习科学锻炼身体的方法；掌握锻炼身体的基本技术；提高大学生的体育文化素养和体育欣赏水平。

2. 课外体育活动

课外体育活动作为大学生体育教育的重要组成部分，在高校体育教育中扮演着重要角色。课外体育活动能够增强大学生的体质，促进大学生的身体健康。大学生可根据自身身体状况及个人喜好并结合自身的职业发展需要选择适合自己的体育课外活动项目，制订科学合理的锻炼计划，从而促进身心健康发展。

（1）群众性体育竞赛。作为体育教育的另一重要形式，群众性体育竞赛一般包括校内和校外两种方式。前者通常是指校内举办的以班级、年级、院系等为单位的比赛项目，例如友谊赛、达标运动会等；后者通常是指派校队运动员代表学校参加的校外体育比赛。不管哪种方式都突出了群众性体育竞赛广泛性和多样性的特点。

（2）野外活动。在自然环境中开展的各种活动称为野外活动。例如，人们常见的水上运动、冰雪运动、空中运动等，这些从活动环境上来看都属于野外活动。各种各样的野外活动在陶冶大学生情操、提升大学生身体素质等方面起到了重要作用，这种作用是一般体育运动所不能替代的。目前野外活动在发达国家体育教育领域已非常流行，在我国也值得借鉴和引用。

第二节　高校体育教学的目标与过程

一、高校体育教学目标

高校体育教学目标能够帮助人们更好地了解与掌握体育教学目标，并为体育教学目标的设计提供科学依据。具体而言，体育教学目标的主要功能如下：

（1）定向功能。体育教学目标是对体育教学目的的反映，在体育教学的开展过程中，体育教学目标发挥着方向性的作用，即体育教学活动是在体育教学目标的指导下开展的。基于此，体育教师在开展体育教学活动时，必须要以体育教学目标为指导。

（2）激励功能。就体育教师来说，当体育教学的目标确定之后，会激励其为实现这一目标而全身心地投入体育教学工作，并在工作中始终保持较高的热情，确保体育教学目标能够实现。就学生来说，当体育教学的目标确定之后，会激发其参与体育教学活动的兴趣和积极性，这对于体育教学取得良好的效果具有积极的意义。

（3）规范功能。体育教学相比于其他学科教学来说，要更为复杂。再加上新课程标准对体育教学提出的新要求，使得体育教学的难度进一步加大。在此影响下，一些体育教师在开展体育教学活动的过程中，很可能出现无法保证体育教学科学性的现象，继而导致体育教学无法取得理想的效果。要避免这种情况的发生，一个有效的举措便是让体育教师明确体育教学目标的规范作用，即要切实依据体育教学目标来选择教学内容、实施教学行为等，以确保体育教学的科学性和有效性。

（4）评价功能。所谓体育教学目标的评价功能，就是可以体育教学目标为标准来评价体育教学活动的效果。比如，足球课程教学的目标之一是让学生掌握足球运动的相关知识与技能，那么在评价足球教师是否完成了教学活动时，就需要考虑其所教授的学生是否掌握了相关的足球运动知识与技能。

二、高校体育教学过程

体育的教学过程是为实现体育教学目标而计划和实施的,是让学生掌握体育知识和体育技能,以及其他教育内容的过程,包括时间和空间两个维度。与其他学科教学不同,体育教学过程既要关注个体,又要兼顾整体;既要尊重学生的个人意识,又要关注教师的教学目标,只有做到全方面、多维度地探讨体育教学过程,体育教学过程理论才能真正指导体育教学实践。

总之,体育教学过程是一种系统运行过程,是师生共同参与,由确定目标、激发动机、理解内容、进行身体反复练习、反馈调控与评价等环节组成。

(一)体育教学过程的基本要素

1. 教学主体

(1)教师。教师是教学的组织者与管理者,决定体育教学过程的实施方法,即教什么(教材)和怎么教(传播媒介),是教学计划的制订者,是教学环境的创设者,是各种教学关系的协调者,并通过了解、激励、教育、指导影响学生,是教学活动的关键因素,起主导作用。

教师作为教学系统内的重要因素,在要素结构中所占比例应大小适度。如果教师的比例过大,主导性过强,势必会限制学生独立自主学习能力的培养。教师在教学过程中具体应该占有多大的比例,应视其他构成因素情况而定。在教授新学内容时、教学内容有一定的危险时、教授低年级学生时,教师应该发挥主要作用,负有更大的责任。在复习课、提高课中,教师如果过多干涉学生的学习活动,则会影响学生个性的发展、创造力的提高以及独立解决问题能力的培养,甚至起到相反作用。另外,随着现代教育理念的迅速发展,教师在体育教学过程中的角色也开始出现变化,教师已经不再是传统意义上的知识拥有者、传授者,其角色已经转化为教学过程中的指导者、协作者、帮助者、建议者,甚至是学习者。

(2)学生。学生是教育的对象,教材的选择、教学方法的制定均指向学生。学生又是学习的主体,如果没有学生积极、主动、自律地学习,教学活动就无法开展,"促进学生体育学习"的体育教学目标也无法实现。学生只有积极配合教师的教学活动，充分利用各种教学条件，认真学习教材内容，才有可能达到最佳的学习效果。

2. 传播媒介

传播媒介泛指教学过程中将教材内容传递至学生的各种方法、形式或工具，一般包含物质条件和方法手段两方面，具体包括讲解、示范、教具模型演示、电视技术、互联网技术、讨论、答疑、练习、游戏、比赛以及体育场地器材设施等，主要职能是传递信息。值得注意的是，教师在某种程度上也是传播媒介的一种形式，因而在教学过程的构成因素中具有双重身份。当代社会是一个开放式的、高信息量的社会，教师已不仅是传统意义上的知识拥有者、传播者，随着电视、互联网技术的普及发展，人际交往的进一步深化，学生获得知识的途径越来越多，单纯依靠教师获得信息的时代已经一去不复返。

3. 体育教材

体育教材是在体育课中为实现教育目标而精选、组织的身体活动的内容体系，是学生学习过程中所要学习的对象，即学习过程中认识的客体。教材内容的选择应该内容丰富、情趣多样，教材的编排也应该新颖、具有吸引力，以改变体育教材滞后于我国社会发展的事实。

体育教材涉及内容、顺序和组合等多方面因素。教材内容涉及的是教什么的问题，教材顺序涉及先学什么后学什么的问题，教材组合则涉及在同一堂课中可以同时教什么的问题。由于我国疆域辽阔，地理状况、地区间的经济水平、学校物质条件等差异较大；另外，学生的兴趣爱好、技能水平、身体素质也存在较大的个体差异，因此教材内容、顺序、组合的选择应视地域、学生的实际情况而进行科学安排。体育教材在一定程度上决定了教师的教学思想、模式、方法，历年的课程改革总是以教材内容的改革为出发点。体育教师应该根据体育教材进行教学模式、教学方法的创新，以实现体育教育目标。

总之，坚持以教师的专业教学为指导、以学生认真学习为重点，充分利用体育教学工具和教材，才能让体育教学效果最大化。

4. 教学评估

根据系统论"整体大于部分之和"的观点，仅仅使各个要素达到最佳并不一定能够发挥整体的最佳功能，只有在追求各要素同步发展的同时，努力促进其协同配合，优化组合结构，在实现整体目标的前提下，充分发挥其个体功能，才能获得整体最佳功能，即"整体大于部分之和"。进一步而言，体育教学过程要达到其整体的最佳功能，并不是各个要素的个体功能简单相加，所以单纯地提高各个要素的个体功能并不一定能够收到良好的教学效果，只有在充分发挥其个体功能基础上，树立整体观念，努力促进各要素协同配合，优化组合结构，才可以实现体育教学过程的高效率、高效益，保证体育教学沿着科学化的方向发展。对此，学校及体育教师在教学过程中应严格按照相关规章制度教学，制定健全的、科学的、统一的、明确的评估体系，判断不同阶段各要素之间相互作用的发挥情况及取得的成果，以便及时调整教学计划和教学目标，进而实现体育教学过程整体效率的优化。

5. 教学环境

主观能动性是人们在实践中认识客观规律，并根据客观规律自觉改造世界，推动事物发展的能力和作用。体育教学过程中的主体始终是人，即施教者教师和受教者学生，充分发挥各自的主观能动性，教师以科学评估数据为依据，赞扬学生的成绩，鼓励成绩薄弱的学生，对于教师个人素养提升、学生掌握体育知识和技能有重要的现实意义。在这个过程中，存在一个不可忽略的环节，就是良好的教育环境对各要素作用发挥的影响。良好的教学环境不仅可以让教师的所学得以充分发挥，提升教学质量，而且能调动学生的积极性，发展学生的创造力。

（二）体育教学过程的设计原则

所谓体育教学过程的设计是用流程图的形式，简洁反映分析和设计阶段的结果，表达教学过程，直观地描述体育教学过程中教师、学生、学习内容、教学媒体等基本要素之间的关系，为体育教师提供一个有参考价值的教学设计方案。以下为高校体育教学过程的设计原则：

（1）发挥教师主导作用。作为人类文明和知识的传播者，教师是影响教学成果的关键环节。现代教学环境下，教师除了要做好课前准备，把体育知识讲清楚，更要打破传统体育教学模式的桎梏，培养授课创新思维，采用不同的方式引导学生自主学习、独立思考、敢于发现问题并解决问题，由最初的"授课"模式调整到更为适应现代科学技术迅猛发展需要的"解惑"模式。

（2）学生为学习主体。学生作为学习的主体，要更好地吸收教学成果，培养个人独立人格，必须在体育教学过程中以教师的引导作用为依托，主动学习、学会学习，把握甚至是创造更多的机会实践所学，并从与教师、学生的沟通中启发智慧，对此需要教师在体育教学过程中积极引导。

（3）媒体优化。在设想如何运用体育教学媒体时，需要考虑各种媒体的优化组合。传统教学过程中，过度依靠单一化的媒体方式会逐渐暴露出很大的局限性，如何使各种媒体的功能作用相辅相成，起到"1+1＞2"的效果，以适应现代化教学进程，进而优化课堂质量，实现课堂的智能化、高效率，应当作为教学研究的重点。

（4）体现体育教学方法。体育教学方法是体育教师在教学过程中运用清晰、准确的语言，与学生交流信息，或以具体的动作示范，或将完整的知识要点或技能要点分解后进行讲解的方法，也包括学生在教师引导下，根据教学要点反复练习、主动学习的方法，只有兼顾两者的共同作用，并借助媒介辅助作用的体育教学方法，才能推动教学目标与成果的达成。

第三节　高校体育教学的方法及优化

一、高校体育教学方法的内涵与层次

（一）高校体育教学方法的内涵

所谓教学方法就是指为实现体育课程教学目标，由师生共同完成的一切教学活动和教学方式的总和。它是由一系列行为组成的一个操作系统，具体包含教师和学生两个层面。我们可以从以下方面来对高校体育教学方法进行理解：

第一，高校体育教学方法是师生动作和行为的总和。体育教学方法的贯彻与实施需要师生之间的互动，互动又是通过语言、动作和行为来实现的，因此可以说体育教学是师生的语言、动作和行为的综合体。具体而言，学生要掌握体育运

动的理论知识或者是某种运动技能，都必须经过体育教师的讲解、示范、纠正等动作的支持。在此基础之上，学生进行反复练习也是一种行为上的体现。

第二，高校体育教学方法和教学目标不可分割。所有的体育教学方法的应用都是带有一定目标性的，没有目标作为指导一切方法都将失去存在的意义。同样地，体育教学目标和任务必须要通过教学方法作为中间媒介才能够得以实现。

第三，高校体育教学方法是"教"与"学"的统一。好的体育教学方法是教与学的统一体，也就是说教师和学生之间只有通过有效互动，形成一种沟通的桥梁，才能真正发挥出体育教学方法的作用和价值。我们可以从两个层面来理解体育教学内容和相关的体育教学活动：教师的"教"与学生的"学"。教师作为教授知识的主体，其选用的教学方法和手段都是以学生为对象的，学生对于知识和技能的掌握及其理解能力的提升是教学活动开展的重要契机；对于学生而言，他们只需要紧跟教师引导的步伐，积极参与学习和互动实践，与教师建立紧密的沟通和联系，以获得更大的进步。因此，只有将教与学切实贯穿于教学的整个过程，积极促进教师与学生之间的互动与交流，才能够真正实现体育教学任务和目标。

第四，高校体育教学方法的功能具有多样性。现代教育理念赋予了体育教学多样化和丰富化的功能。现代体育教学既关注运动技能的掌握、身体素质的提升，同时也更加强调学生素质的全面提升。

（二）高校体育教学方法的层次

（1）体育教学策略。在体育教学方法的各个层次中，教学策略处于"上位"。教学策略实际是教学方法的组合，是教师将多种手法和手段组合在一起进行教学的行为方式。体育教学策略的优劣主要体现在单元和课程的设计思路和方案的设计。例如，作为一种广义的教学方法，发现式教学法主要是模型演示法、提问法、讨论法、归纳法等传统意义上的教学手段的有机组合。

（2）体育教学方法。在体育教学方法的层次系统中，教学方法处于"中位"，它与传统意义上的教学方法基本相同，是体育教师为达到一定的教学目标运用教学手法进行体育教学的行为与动作的总和。例如，提问法具体方法除检验学生对知识的掌握状况外，还可以激励学生积极参与课堂互动和对问题的思考。体育教学方法其实也是一门"技术"，通常应用于某一教学步骤，而且会由于不同教师的教学风格不同而呈现出不同的特征。

（3）体育教学手段。在体育教学方法层次中，教学手段处于"下位"，它是传统意义上的教学方法的一部分。我们可以将体育教学手段理解为一种"教学工具"，也就是说在某一个具体的教学步骤中可能会采用各种教学手段来协助教学课程的顺利完成。

二、高校体育教学方法的类型划分

（一）传统体育教学方法

1. 传统体育教法

（1）语言教学法。所谓语言教学法，是指教师通过语言方式来描述体育知识、文化、动作要领、技术构成、教学安排等一系列活动要点的方法，学生通过对教师语言的理解，逐步掌握知识要点。

第一，讲解教学法。讲解教学法，是指教师通过讲解来展开教学活动内容。讲解法一般用于体育理论的教学，在运用时体育教师需要注意学生所处的认知能力和知识水平。如果讲解的深度和难度超出了学生认知能力的范围，让大部分学生感到难以理解，则说明教师阐释的方式或者选用的教学内容不适合学生。讲解法的使用要点见表1-1。

表1-1 讲解法的使用要点

序号	要点内容
1	明确讲解的内容和目标，讲解的过程要突出讲解内容重点和难点；讲解要有较强的目的性和针对性，也就是说在讲解之前就已经预设好讲解将要达成什么样的目标，以便于在讲解过程中对课堂的整体方向有所把握。
2	保证讲解内容的准确性。教师要有科学严谨的教学态度，高度重视讲解内容，尤其是体育历史文化、专业术语的解释、技能方法的描述要准确到位。
3	注意讲解的形式要简单明了、生动有趣。任何烦冗拖沓、枯燥乏味的内容都容易让人厌倦，因此教师要善于利用图片、视频与语言讲解相配合，同时采用多样化的表达方式，将知识点描绘得更加形象自然，加以肢体动作以促进学生对语言描述的理解。

续表

序号	要点内容
4	讲解要由表及里、易懂易学。对于同样的知识点不同的教师进行教学的效果往往会产生一定的差异，产生这种差异最主要的原因之一就在于教师引导学生进行理解的方式。优秀的、有经验的教师往往更善于通过对比、类比、递推、递进式提问等形式来启发学生的想象思维和主动思考，促进学生对知识的敏感性，能够发现知识之间的内部联系，并形成自我认知能力和属于自己的知识体系，并且能够灵活地完成对知识要点的迁移。
5	注重讲解的知识在逻辑上的先后顺序以及它们之间的内在关联性，以便于学生能够更快地完成对知识的掌握并形成较为稳定的知识体系。

第二，口头评价法。作为体育教学中的教学方法之一，口头评价是最为快速和直接的一种评价和提醒，它不拘泥于某个具体的时间点和地点，既可以在课堂中进行，也可以在一节课结束之后进行，是体育教师对学生的学习和练习以及获得的学习效果进行的简要的、概括性的点评。口头评价可以按照评价的性质分为积极评价和消极评价两种，见表1-2。

表1-2 口头评价的类别

类别	具体内容
积极评价	带有肯定、表扬和鼓励性质的评价。
消极评价	学生的表现不够理想，具有一定的批评和鞭策作用的评价。由于该评价是以批评的性质为主，因此教师要尤其注意沟通的技巧，注意措辞，就事论事，既要让学生充分认识到自己的不足之处，又要保护学生的自尊心，不能打击学生的自信心，要让他们扬起更进一步的风帆，迎头赶上。

第三，口令法、指示法。口令、指示的语言凝练，短促有力，因此在体育教学实践中教师可以适当通过口令、指示给予学生一定的知识，这种方式尤其适用于体育教学中的动作教学。口令法和指示法的应用有以下要求，见表1-3。

表1-3 口令法、指示法的应用要求

序号	应用要求
1	教师应发音清晰、声音洪亮。
2	注意使用口令法和指示法的时机。

续表

序号	应用要求
3	注意口令和指示的语速和节奏，太快了学生跟不上，太慢了会削弱其力度和有效性。

（2）直观教学法。直观教学法是通过给予学生的视觉等感官以刺激来促使学生对体育知识产生深刻的了解。直观教学法的优势和特点是直接、生动、形象，因此产生的效果往往也更具有震撼力和持久性。体育教学中有以下最为常见的直观教学法：

第一，动作示范法。动作示范法，就是指在体育教学中，教师通过对教学内容的动作示范，来帮助学生熟悉动作的结构和动作的要领，同时对该技术动作有一个整体上的、比较形象化的了解。动作示范教学法的使用要点见表1-4。

表1-4 动作示范教学法的使用要点

序号	要点内容
1	明确示范目的。在示范之前，要明确示范的目的是什么，通过动作的展示，要使学生达到什么样的学习效果。
2	动作的示范要标准连贯。教师的演示就是学生学习和模仿的参考，所以教师的示范必须要正确，否则一旦学生形成错误的动作习惯，对其后续的学习会带来许多麻烦与不便。
3	要选择合适的示范位置和角度。这样做的主要目的是使所有的学生都能清晰地观察到示范动作，从而对技术动作产生一致性的、准确的理解和认识，为了实现该目标，教师可以选择从多个角度来进行多次示范。
4	将示范与讲解相结合。通过示范、讲解两种方式的配合，调动学生的听觉、视觉和触觉等多个感官的功能，使学生对于技术动作有更为深刻的理解和认识。

第二，教具与模型演示。利用教具和模型等实际物体来辅助体育的教育教学，会使学生对于技术结构的理解更加简便和轻松。教具与模型演示的使用要点见表1-5。

表1-5 教具与模型演示的使用要点

序号	要点内容
1	根据教学内容的实际需要提前将教具和教学模型准备好。

续表

序号	要点内容
2	教具、模型的展示要全面到位，尤其是对器材进行具体的介绍和讲解的时候，可以让学生近距离地观察和体验。
3	使用过程中要注意保护教具与模型，使用完之后要小心地收纳到指定的容器内，并放置到安全的地方以防损坏。

第三，案例教学法。案例教学法就是在体育教学中用反面对比和类比等方法来举例子，让学生能够更好地理解所教授的内容。案例教学法有如下的具体要求，见表1-6。

表1-6 案例教学法的应用要求

序号	应用要求
1	例子的选取要适合，确保能够产生目标要达到的加强、对比等方面的作用。
2	选取有关战术配合的案例时，其案例的分析要尽量详尽一些，并且要注意从攻和守两个角度来进行分析。

第四，多媒体教学法。多媒体教学方法在现代体育教学中的使用越来越广泛，其与传统的板书教学最大的区别和优势在于：多媒体教学可以形象生动地将教学内容展示出来，通过动画和视频的演示、慢放和定格等操作，将每一个动作的每一个重点和细节都精准地定位、展示和分析，从而使学生对动作技术有更加快速、清晰、深刻的认识，这是传统的肢体示范和口头讲解都无法实现的。需要强调的一点是，多媒体教学法的运用需要多媒体教学设备等硬件条件的支持，也需要教师具备多媒体操作技能作为软件方面的支持。

（3）完整教学法。完整教学法在体育教学中有着较为广泛的应用，其主要应用于教学实践课，重点强调体育教学过程中要完整地、不间断地对整个技术动作过程进行展示，使学生从整体上产生对动作的整体概念和印象。完整教学法在体育教学中的应用有以下要点需要引起注意：

第一，完整展示要及时。也就是说在通过语言讲解之后，要尽快进入整体展示的阶段，保持学生在认知上的连贯性，在语言讲解和整体展示的连续、双重作用下，促进学生对技术动作有一个正确的把握。

第二，前期的动作练习要适当降低难度。对于难度系数稍大的动作，教师可以先降低动作的难度和要求来引导学生完成完整的动作流程，然后逐渐增加难度，待学生比较熟悉动作流程之后再按照标准动作的要求来完成整个动作的学习和练习。

第三，要对动作的各个要素进行全面解析，而不是仅仅局限于将动作连续地展示给学生看。这里的动作要素主要包括动作的发力点、支撑点、用力的方向、大小以及所有影响动作标准的细节因素。

（4）分解教学法。分解教学法是与完整教学法相对的，更适合于高难度的运动项目。分解教学法的主要优势是分步教学，将原本很复杂的动作变得更容易理解和模仿，从根本上降低技术动作的难度。具体来说，分解教学法的应用需要注意以下方面：

第一，选择的技术动作的分解节点，不要破坏整个动作的连贯性。

第二，注意依次教学和加强衔接练习。对于分解后的各个部分要按照其先后顺序进行练习，之后还要将各个环节的衔接处结合到一起，并对此做专门的强化练习。

第三，将分解法和整体法结合运用，可以获得更好的教学效果。

（5）预防教学法。学生的体育学习和教师的体育教学一样，也是一个开放性的过程，因此其受到各种因素干扰的可能性较大。除此之外，学生的理解能力、认知水平、身体的协调性和体能素质等各方面的条件也存在较大的差异，在学习的过程中学生不可避免地会出现各种各样的错误，这就要求教师要注意观察学生的动作练习情况，总结出其中的规律，指出错误发生的根本性原因并予以纠正。预防教学法正是针对学生的错误认知、错误动作而提出的一种具有预防、阻断效果的教学方法。应用预防教学法有以下要求：

第一，体育教学中，在前期的讲解过程中要不断强化正确的认知，并对易于出错的地方予以强调，避免对动作的理解产生歧义和不正确的认知。

第二，教师在正式上课之前要对可能出现问题的地方进行预估，然后设计出一套比较完善和高效的解决方案，这样可以提高教学效率。

第三，可将口头评价的教学方法综合运用到实际的教学过程中，提示学生在关键之处不要犯错误。

（6）纠错教学法。所谓纠错教学法是指在实际教学过程中教师发现了学生在理论认识和动作练习上的错误之后及时纠正的一种教学方法。其中动作错误主要体现在对动作理解上的偏差而导致的错误，或者是由于不够熟练，达不到标准的技术动作，针对不同的情况教师要加以分析，采用不同的引导方式。纠错教学法有以下具体的应用要求：

第一，纠错时，要反复重申正确动作的要点，要使学生真正明白错误动作产生的原因，这样才能帮助他们及时改正，而且不会出现重犯的现象。

第二，必要的时候可以使用一定的外力帮助学生对技术动作形成正确的本体感觉。比起预防性措施，纠错具有较强的针对性，因此教师必须要能精准分析错误源头，才能给出最为合理和有效的解决方案。

（7）游戏教学法。游戏教学法指教师通过游戏娱乐的方式促使学生对体育知识要点的掌握。该教学方法应用比较广泛，可用于各个学习时期，尤其适合低龄的学生。其最大的优势在于可以极大地调动学生的学习积极性。在进行游戏教学法的过程中需要注意以下方面：

第一，注意游戏的设计，其所涉及的行为方式、思维方式都应当与所教授的内容具有较高的相关性。

第二，游戏的设计和选择要注意学生的兴趣和偏好。应选择学生感兴趣的内容、方式。

第三，在游戏开始之前，教师要讲清楚游戏的规则和游戏的目标。注意游戏规则、目的的讲解。

第四，在开展游戏的时候，鼓励学生尽力而为，队友之间要形成良好的合作。

第五，在游戏过程中，教师要扮演好"警察"的角色，对于犯规的学生要给予一定的惩罚。

第六，游戏结束后，教师要问问学生的感受，同时对学生的表现给予中肯全面的评价。

第七，在整个游戏教学的过程中教师要提醒学生注意安全，提醒并禁止具有安全隐患的行为。

（8）竞赛教学法。竞赛教学法就是通过组织各种比赛来促进体育教学的一种方法。竞赛教学法可以提升学生的综合能力，是一种比较理想的训练方法和教学方法。具体来说，比赛可以增加学生运动技能的实践经历，使得那些高难度的动作和技战术不是纸上谈兵，同时还可以锻炼学生的团队协作能力，以及面对突发状况的心理调适能力和应对问题能力。竞赛教学法是体育教学当中具有特殊优势的一种教学方法，对于提升学生的心理素质、竞技水平以及他们的身体素质都有着不可取代的重要作用。关于竞赛教学法，其应用有如下注意事宜：

第一，具有明确的目标。一般是通过竞赛提升学生相关运动项目的技能水平，例如通过足球运动竞赛切实提高学生的足球运动水平。

第二，合理分组。各个对抗队的人员实力要处于相近的水平，这样才能通过激烈的竞争获得共同的提高。

第三，客观评价。教师要密切关注学生在竞赛过程中的表现，既要从整体上把握，又要看细节的处理，只有做到这一点才能给学生以最客观和中肯的评价，从而使学生能够清晰地意识到自身的优势和不足，促进他们获得进一步的提升。

第四，竞赛教学法的前提条件是学生对于运动项目有一定深度的理解，并且已经熟练掌握相关的技术动作，这样可以有效避免由于不熟练带来的运动伤害。

在这里，笔者只列举了一部分的体育教学方法，对于每一位体育教师而言，不能仅限于某一种教学方法，而是应当不断地尝试和学习新的教学方法，并结合教学的实际情况科学、灵活地选择和组合，这样才能显著提高体育教学的质量。

2. 传统体育学法

（1）自主学习法。自主学习法是指学生主动发现、分析、探索，独立自主地进行体育学习的方法，但这并不意味着学生可以完全脱离教师的指导，而是要在教师一定的引导下开展自主性学习活动。体育教师指导学生进行自主性的体育学习，应当注意以下方面：

第一，难度要适当。由于是自主性学习，学习过程应以学生自己思考与探索为主，这对于学生来说并不是一件轻而易举的事，因此教师要注意根据学生的年龄阶段、认知特点，为学生选择难度适当的学习内容，保证具有一定的挑战性，但又不至于无法完成。

第二，明确学习目标。教师要为学生的自主学习制定一个清晰的学习目标。通过这个学习目标学生要清楚地知道自己要完成的任务是什么，通过自主学习学生需要解决哪些问题以及要达到什么样的水平。

第三，学生要参照学习目标，在学习过程中学会自我调控，一是对学习过程有一个整体的把握；二是要学会积累各种学习方法，并思考学习方法与运用场景之间的联系；三是要有创新思维，在对具体情境进行较为客观判断的基础上将已有的知识进行迁移和组合，从而创造出专属于自己的新策略。

第四，教师要对学生的自主学习给予适当的辅助与引导。学生的自主性学习并不是放任不管的无组织的学习，相反它是一种更有计划、有目标的学习过程，在这个过程当中教师要关注学生的学习进度，如果出现不妥当的情况，如学生的学习路径或思考方式与学习目标发生偏离就需要及时给予纠正。

（2）合作学习法。合作学习法就是指在学习的过程中强调合作的重要性，强调学生之间的相互帮助和配合，通过合理地划分工作任务和相应的责任，最终能够共同圆满地解决问题，达到教师所设定的学习目标，完成教师布置的学习任务。

第一，确立学习目标，通过该合作式学习预期要达成的效果是什么，要重点培养学生哪方面的能力。

第二，将全部的学生分成实力相当的小组，依据任务的特点，注意将不同性格、性别、特长的学生进行合理搭配，以促使学生之间的取长补短。

第三，确定小组研究课题，引导学生合理地进行组内分工，并探讨如何提高全组的整体学习效率。

第四，完成小组学习任务。

第五，各个小组之间进行学习和交流，分享各自的经验和心得，通过交流和分享，各个小组可以相互学习，发现自身的优势和不足。

第六，教师关注、监督和评价学生学习的过程，并帮助学生一起做好学习总结。

3. 传统体育练法

（1）重复训练法。重复训练法就是通过不断重复进行某一个训练内容来提高身体素质和运动技能的一种体育学习方法。重复训练法的核心和本质就是通过重复性的动作使得某一固定的运动性条件反射不断地得到加强，使得身体产生一种固定的适应机制，进而使学生实现对技术动作的掌握。

第一，重复训练法的类别划分。一般来说，重复训练法有两种分类方法：一种是按训练时间的长短；另一种是按照期间间歇方式，见表1-7。

表 1-7 重复训练法的类别划分

划分依据	训练方法
训练时长	短时间重复训练法（低于30s）
	中时间重复训练法（0.5～2min）
	长时间重复训练法（2～5min）
训练方式	间歇训练法
	连续重复训练法

第二，重复训练法的应用要求具体见表1-8。

表 1-8 重复训练法的应用要求

序号	应用要求
1	同一动作的反复练习容易使学生产生枯燥和厌倦之感，因此教师要关注学生情绪的变化，并适当地给予调节。
2	注意训练动作的规范性，同时还要注意训练的负荷。
3	强调技术动作的正确练习，如果学生连续出现错误动作应停止练习，防止重复性错误。
4	科学确立学生训练负荷、强度和频率，要依据运动项目的特征和学生的实际情况来设定。

（2）持续训练法。持续训练法就是无间断地、持续地进行某项身体练习的训练方法，其前提要求是要保持一定的负荷、强度和运动时间。

第一，持续训练法的划分依据。持续训练法的分类可以根据训练持续时间来划分，具体见表1-9。

表 1-9 持续训练法的类别划分

划分依据	训练方法	
训练时长	短时间持续训练法	
	中时间持续训练法	变速持续训练
		匀速持续训练
	长时间持续训练法	

第二，持续训练法的应用要求具体见表1-10。

表 1-10 持续训练法的应用要求

序号	应用要求
1	持续训练法既可以用于单个技术动作也可以用于组合性的技术动作。
2	在训练开始前,应向学生介绍具体的训练内容及其顺序安排,同时提醒需要注意的要点。
3	持续训练过程中,体育教师要提醒学生注意训练动作的质量,并对动作的质量作出具体的要求,这样才能使持续训练获得比较好的效果。

（3）循环训练法。当训练内容较多的时候可以采用循环训练法。其具体操作就是将这些训练的项目先按照一定的原则进行排序,依次完成之后回到最初的任务开始训练,不断重复所有的训练内容。循环训练涉及不同的训练内容,因此在一定程度上可以增强学生对体育学习的积极主动性。

第一,循环训练法的类别划分。循环训练法可以按照运动负荷和训练组织形式来划分,具体见表 1-11。

表 1-11 循环训练法的类别划分

划分依据	训练方法	
运动负荷	循环重复训练法	各训练站点之间间歇时间没有严格规定
	循环间歇训练法	各训练站点的间歇时间有明确规定
	循环持续训练法	各个训练站点之间是连续性的,几乎没有间歇时间
训练组织形式	流水式循环法	按一定的顺序一站接一站地周而复始
	轮换式循环法	各学生在同一时间点上练习的内容不一样
	分配式循环法	先在站中练习,然后依次轮换练习站

第二,循环训练法的应用要求见表 1-12。

表 1-12 循环训练法的应用要求

序号	应用要求
1	找出各个训练内容之间的内在逻辑和规律,合理安排它们之间的顺序。
2	训练不能急功近利,而是要循序渐进,一般情况是先练一个循环,坚持训练两到三周再增加一个循环,这样学生就有一个适应的过程。
3	注意一次训练不得超过 5 个循环。

（4）完整训练法。完整训练法就是指在整个训练过程中只完成某一个动作、某一套连贯动作或者某一个技术配合，其最显著的特征是整个训练过程流畅自然、一气呵成。完整训练法的应用注意要点如下：

第一，完整训练法比较适合单一技术训练。

第二，如果是针对复杂的技能训练，就需要学生具有良好的基本技能基础。

第三，在战术配合的完整训练中，教师要在战术的节奏、关键环节的把握等方面做适当的指导。

（5）分解训练法。分解训练与完整训练是相对而言的，是从训练内容的各个阶段和环节出发，对其中的每一个部分做精细化的研究和训练，并做到各个击破，最后达到整体掌握的目的。

第一，分解训练法的分类及其特征见表1-13。

表1-13 分解训练法的类别划分

划分依据	训练方法
单纯分解训练法	把训练内容分解成若干部分，然后分别练习。
递进分解训练法	把训练内容分解成若干部分，依照规律有序练习。
顺进分解训练法	训练内容分解后，先训练第一部分，再训练第一、第二部分，然后训练第一、第二、第三部分……步步为营。
逆进分解训练法	与顺进分解训练相反，先训练最后一部分，再将前一个训练内容叠加训练。

第二，分解训练法的应用要求见表1-14。

表1-14 分解训练法的应用要求

序号	应用要求
1	科学分解，对于联系紧密的部分不能强行割裂。
2	对各个部分要做精细化的研究，以便达到训练动作的精细化、标准化。
3	熟练掌握各个分解部分之后，要进行完整练习加以巩固。

（二）新型体育教学方法

1. 娱乐教学法

增强学生体质是学校体育教学积极效应的重要方面，这一点似乎是毋庸置疑的，但是在现实的教学过程中仍然有相当一部分学生对体育课堂的学习不感兴趣，不能积极主动地参与到体育活动当中来。

因此，为了激发学生对体育课的兴趣，更好地焕发出体育运动本身具有的独特魅力，就必须改变过去单一的教学形式，积极采用娱乐教学法，重新编排和组织体育教学内容；在娱乐教学过程的设计上，体育教师也需要下功夫，积极探寻每一堂课教学内容当中的娱乐性成分和娱乐性元素，或者考虑如何将娱乐性元素如游戏、音乐、竞赛、趣味性道具的使用等穿插到体育教学过程当中。当然，该做法会给教师的工作带来一定的负担和压力，但可以充分展现出体育教学内容的丰富性和趣味性，只有当学生的学习兴趣提高了，学生的学习效率才会随之得到提高。需要注意的是，在该方法的使用中要避免走纯娱乐的极端，如果失去了对培养学生强健体魄和学习能力的本质任务的把握，那将是得不偿失的行为。

2. 成功教学法

成功教学法就是按照学生的接受能力，将教学技术动作的精华部分提炼出来，适当降低其整体难度，鼓励学生凭借自己的意志力和理解能力顺利完成动作的学习。在该过程中，学生通过对技术动作的顺利完成体会到成功给自己带来的舒畅感和快乐感，这是任何外来的鼓励都无法比拟的，由此，学生对体育学习的信心大增，坚信自己可以学习好其他的体育运动技能。

调查发现，相当一部分学生是由于自己的体育运动表现不够好，与其他同学比起来差距较大，因此内心对体育课程的排斥心理越来越严重，而通过成功教学法可以重新燃起学生对体育学习的信心，培养他们坚忍不拔的意志品质，形成正确的学习动机，这对运动技能的提升是非常有益的。

3. 逆向思维教学法

逆向思维教学法是指以与常规思维相反的思维方式来开展教学活动的一种教学方法，从常规的思维角度来说，教师一般都比较习惯按照技术动作自然发生的顺序来进行体育教学，但有时候按照反常的程序来教学反而可以取得更好的教学效果。例如在跳远教学中，可以先教起跳，然后教助跑和落地动作；标枪的学习，可以先教投掷动作，再教助跑，最后将各个部分组合到一起，做完整练习。此类教学有一个共同点就是把最难的部分放在最前面来学习，因为这部分动作的正确与否对运动项目的比赛成绩起决定性作用。

在体育教学实践中，教师会发现学生总是学不会一个看似很简单的动作技能，尤其是当这种问题呈现出普遍性特征时，教师就需要用逆向思维来看待这些问题，因为很有可能问题不在于学生的"学"，而在于教师的"教"，如教师及时地反思教学中是哪个环节出现问题。这种"反思"其实也是逆向思维教学法的一种体现。

4. 探究教学法

探究教学法就是指教师着意引导学生在教学过程中发现问题、分析问题，最终提出可行性方案而解决问题的一种教学方法。通过该教学方法，学生在探索和分析的过程中不知不觉地掌握了相关的知识和技能，同时培养出高超的洞察力和知识迁移能力。探究教学法符合现代教育教学理论以及以学生为主体的教学理念，因此越来越受到体育教师的重视。在探究教学法的应用过程中要注意以下问题：

（1）目的要明确。教师要提前确认研究计划，确保体育教学目标的实现。探究的目标模糊或者实际教学与探究的目标相背离，会造成无效的教学，浪费师生的时间和精力。

（2）探究的内容和主题要与学生的运动水平以及他们的认知能力相一致。教学内容太简单，学生会感到没有激情和挑战性，继而产生无聊的感觉；内容难度设置过于高深，又会打击学生体育学习的自信心。因此教师要深刻理解这一点，引导学生做难度适中的探究性学习。

（3）对于一些难度偏大的探究性客体，学生通过努力仍然没有较为理想的思路的时候，教师要适度地予以启发和鼓励。

5. 微格教学法

微格教学法指的是为了将枯燥的体育理论知识变得形象生动，更具有吸引力，而采用一定的信息化技术手段的教学方法，具体而言就是利用录像、音频等手段建造一种可操作可调控的体验系统，学生通过该体验系统进行体育理论的学习，可以对体育知识和动作技能产生清晰明了和感性深刻的认识，从而大大提高他们的体育运动技能。在体育教学中使用微格教学法的具体步骤如下：

（1）提前准备好课件。教师需要在课前对视频进行剪辑处理，并制作成教学课件以应用于体育教学，将信息化技术应用于体育教学可以使得教学内容更加丰富和形象，这对于调动学生的学习主动性具有积极的促进作用。

教师在讲解了基本的体育理论知识之后，将视频或音频课件向学生展示出来，通过这些感性化的视听材料，学生对体育知识和动作技能的理性认识会逐步加深，从而可以从根本上提升学生的体育运动技能。例如，在篮球技术的教学过程中，教师可以在上课之前搜集一些著名的篮球明星是如何完成这些技术动作或者战术配合的，然后将其剪辑成教学课件，学生通过这些视频，便于对技术动作的深刻理解，加上是有关自己敬仰的篮球明星的"示范"，因此对于提高他们的信心和信任度都是极为有利的。

（2）以学生为主体安排教学内容。这里主要是指教学内容要考虑到学生的发展方向以及关注学生本身的兴趣所在。一方面微格教学在教学内容的选择上应当有针对性，要着重培养学生将来的专业或岗位所必需的素质和能力；另一方面教师也要注意学生的时代特征和个性化特征，尽量选择具有典型意义和在学生群体中普遍受欢迎的体育教学内容。与此同时，体育教师还要注意在体育教学过程中给学生留下一定的思考时间和空间，引导学生做进一步思考和探讨，让学生在和谐、温馨、互助的学习氛围中感受体育学习的乐趣和意义所在。

（3）在实际的教学实施中，可以将播放视频和让学生反复训练两种方式交替进行。具体流程如下：

第一，在进行教学示范时，教师可以通过高水平运动员的示范录像，方便学生形成技术动作的感性认识，以便于模仿训练。

第二，老师在采用微格教学法时，还可以结合多种体育教学方法，比如直观教学法和分解教学法相结合，可以强化学生对体育技能的理解和训练。

第三，老师安排学生进行训练，当完成一个阶段的训练之后，教师安排所有的学生分批进行演示，同时拍摄演示视频。

第四，师生一起观看学生的演示视频，针对各个小组和队员的动作技能演示情况，师生一起展开分析和讨论，然后教师要对学生训练的结果作出客观评价，指出学生训练过程中出现的错误动作并及时纠正。

微格教学法用于体育教学还有几个需要注意的细节问题：在教学过程中，体育教师可根据体育教学的实际情况选用慢镜头或者回放，以便学生能够看得更加清晰明了；通过演示视频，学生可以自行将其与标准动作做比较从而很容易就找出自己的问题所在；通过师生的评价以及教师的指导，学生可以在分析和比较中找出问题的原因及其解决办法。

（4）课程结束后，体育教师可以反复观看教学视频，对教学过程中的不足之处进行优化，同时通过微格分析处理也可以达到一定的优化效果。

6.情景教学法

情境教学法是指在教学过程中，教师有目的地引入或创设具有一定情感的、形象化、具体化的场景，引起学生一种积极的反应，并吸引他们自觉投入，积极参与学习活动的一种教学方法。情境教学法的主要优势是，可以促进学生对教材的理解，促进学生健康的心理素质的形成；激发学生对体育学习的热情，从而主动、快速地接受教师教授的知识，同时学生的学习效果也会获得较大幅度的提升；情境教学法还可以使学生体验到体育学习带来的快乐和成就感，而且情境教学法多与多媒体教学法相结合，丰富多彩的多媒体画面可以提升学生的审美情趣、陶冶高尚的情操。体育教学中情境教学法可以采用以下策略以提升教学效果：

（1）充分利用游戏。爱玩是孩子的天性，因此在体育课堂中必须充分注意体育教学的娱乐性，在创设具体的教学情境时可以适当引入多样化的游戏内容，激发学生的学习兴趣，激励学生在体育学习和练习的过程中克服各种心理障碍，学生在挑战成功之后将会逐渐形成稳定健康的体育价值观，从真正意义上理解体育课和体育锻炼。

（2）教学情境创设与音乐相结合。人们常说音乐、体育和美术是一家，这主要是说它们都具有一定的艺术性，具有较高的美学内涵。情境教学就是体现体育教学艺术美的最好方式之一，同时我们也要注意将音乐等元素引入情境教学，发挥其实际作用。

（3）运用语言创设教学情境。在传统课堂，也有教学情境的创设，并且获得了不错的效果，这主要是因为课堂语言具有独特的魅力，体育教师可以通过生动的、丰富的、具有鲜明特色的语言表达方式和风格将教学内容故事化、情节化、夸张化，语言表达中的情境会给学生带来美好的学习体验。

因此在体育教学过程中，教师要记得语言也可以创造出有意思的、独具一格的教学情境。同时，体育教师也要注意转变固有的思想观念，不断创造出具有新意的情景教学模式，从而促进体育教学事业不断向前发展。

7.分层教学法

分层教学法是指在实际教学中，由于学生的学习基础以及认知能力处于不同的水平，故而设定了不同层次的教学目标和教学任务，以防止有的学生"吃不饱"而有的学生又学不会的现象出现，同时还可以大大提高整体教学水平。因此我们可以得知，分层教学法极具针对性，是一种非常有效和实用的新型教学模式，所以我们要对传统的一视同仁的教学模式进行改革，适时运用分层教学法，这样才能有效提高体育教学的整体水平，促进学生迅速、全面、健康发展。在体育教学中使用分层教学法需要注意以下方面：

（1）对教学对象进行分层。在分层教学法中，首要的任务就是将所有的教学对象进行科学合理的分层，要实现这一点，教师可以通过体能测试等办法来了解学生的综合体质，还可以通过问卷咨询、实际练习和竞赛的方式来测定学生的运动技能水平，只有对学生的情况都考察清楚并以此为依据才可以对学生实施分层教学。在分层教学的过程中也要注意观察学生学习的进度以及其对知识和技能的吸收情况，同时还要和学生保持沟通，倾听学生的心声，及时调整教学方案。当然也可以按照其他要素和标准来分层，比如学生的兴趣爱好等，只要运用得当，同样可以获得不错的教学效果。

（2）对教学目标进行分层。教学目标为体育教学提供了重要的指引作用，制定科学化的教学层次目标可以激发学生的学习动力，还可以有效提高学生的学习效率。如果教学目标设置难度过低，学生就会觉得毫无吸引力，感到枯燥无聊，注意力也无法集中；教学目标如果设置过高，学生就有可能无法跟上教学的节奏，最终也达不到预期的教学目标，严重的话还会打击学生体育学习的自信心。因此，体育教师一定要注意教学目标的科学分层，这样各个层次的学生都能够展现出比较理想的学习状态，促进他们在各自所处的层次尽自己最大的努力，最终实现共同进步。

（3）对教学内容进行分层。教学内容的合理分层对教学目标和教学任务的完成具有重要意义，也是有效提高教学质量的关键性因素。对教学内容的分层，主要体现在教师要根据学生的不同情况安排不同难度和种类的教学内容。教师需要根据学生的身体情况和自身技能接受能力进行合理设置，比如说对于身体素质较好的、运动技能水平较高的学生可以适当提高学习内容的难度，这样可以激发学生对知识的探索欲，以帮助他们达到更高层次的学习境界；对于基础较为薄弱，身体素质偏差的学生，可以安排一些较为简单的练习内容，主要目的是逐步提高其体能素质，同时还要使其保持学习的兴趣和信心。由此可见，通过安排分层式教学，可以促使每一位学生都获得相应的进步，从而提高整体教学效果。

8. 对分课堂教学法

"对分课堂"是一种课堂教学的新模式，它是2013年由复旦大学心理学系张学新老师提出来的。"对分课堂"的核心思想是把一堂课的总时长一分为二，一半用于教师的讲解，另一半由学生自由讨论和自主探索学习。后面的一半时间强调的是学生的自主学习和相互交流，突出了讨论的重要性，这样可以发挥出学生的学习潜能和积极性，自主完成对知识和技能的深化理解。"对分课堂"的应用不仅可以降低教师教学负担，还可以提高教学质量，改善教学效果。实施对分课堂教学法需要注意以下要点：

（1）对课堂时间的合理分配和利用。对分课堂的要点是将教师的讲授和学生的交互式学习分开，而且要保证在这两个阶段的中间安排一定的时间让学生将教师讲授的知识点和动作技能消化吸收。所以有人将对分课堂称为PAD课堂，这是因为其具有PAD界限清晰、相互分离却又相互联系的三个过程，即讲授、内化吸收和讨论。

（2）对学生进行合理分组。在划分讨论小组的时候教师要注意尽量使各个小组实力均衡，男女生比例要合理搭配。因此在分组之前体育教师对学生的基本情况要做一个详细的了解，既要保证各组实力相当，也要注意任务分配的均衡性，这样一方面体现各组之间的公平竞争，制造出一定的悬念，激发学生学习的动力和潜能；另一方面男女生的合理搭配，在完成任务的过程中还可以起到性别特性互补的作用，使体育课程更有激情，也能产生更好的学习效果。

（3）宣布任务之前要做好引导和启发工作。也就是说教师在布置一个具体任务之前要对任务的要求进行详细讲解，并启发学生学习讨论的思路，促使学生对学习任务有比较全面和深刻的理解。体育教师要让学生对整个学习的重点和难点有所了解，同时也要对本次课程的目标和内容有所把握，让学生在相互沟通、交换意见之前先想一想如何才能够更好地实现任务目标。

（4）给予学生平等的表现自我的机会，同时要注意让所有的学生都能够清楚地观察到他们的展示。通过随机抽查和预先制定的量化标准基本可以对对分课堂的实际学习效果做客观公正的判定。主要环节设置合理，学生的表现遵循流程安排，一般可以获得比较理性的效果，但是不能排除会有个别小组偏离主题，因此教师要及时指出来，并给予合理化建议。教师还要注意引导全体学生分享其中的闪光点，让学生从别人的优秀表现中得到启发。

在对分课堂教学中，体育教师要提醒学生在开展讨论的过程中以主题内容和教学目标为中心，防止剑走偏锋、脱离主题而造成无谓的损耗。也就是说，教师要主动承担"总导演"的角色，为学生提供适当的指引和指导，以提高学生的学习效率。

三、高校体育教学方法的体系构建

（一）教学方法体系构建的依据

在体育课程改革的过程中，"目标统领教材"是一个重要的指导思想，其要求是依据教学目标来选择体育教学内容。从广义上讲，教学内容涉及的不仅有教师所教授的知识和技能，同时也包括观念、思想、行为和习惯等与学习能力相关的种种要素。也就是说，学生的学习过程就是将教师所教授的内容内化为自我知识体系和心理体系的一个过程。这个过程不会自动发生，而是需要教师通过一定的教学方法才能够实现。按照体育新课标的具体要求，我们可以得知对于体育教学方法的选择要视学校的具体情况和学生的身心发展特点而定。

传统体育教学大纲对体育教学目标、内容和考核的标准等方面都有明确规定，依据学习内容性质的不同，可以分成5个主要的体育学习领域，也能通过与该领域目标的相互渗透和影响，形成"目标—内容"关系，即目标决定内容选择，内容选择促成目标。此外，新课标还将体育教学内容的学习水平分成6个等级，并且对每一级目标都有明确的定义，从而体现出体育教学的特殊性。

新课程标准5个领域和6个等级的确立，可以对学校体育教学方法的选择提供一定的理论指导，促进了"目标—内容—方法"教学体系的初步形成，在这样的一个体系指导下，不同地区、不同学校在选择体育教学内容和方法的时候就有了具体的参考和选择的空间。

（二）基于新课标的教学方法体系

新课改最大的特色就是使学生的学习方式发生了巨大变化。具体而言就是摒弃了过去那种纯粹的接受式的、被动式的学习方式，取而代之的是体现学生主体性的、主动式的、具有探索性的、研究性的学习方式的建立。

要彻底实现这一转变，教师的努力起着举足轻重的作用。其主要体现在三个方面：①了解学生兴趣爱好、个性特征、学习能力等的具体情况；②充分考虑学生的年龄特征及其身体生长发育的规律；③为课堂师生的互动提供广阔的空间。

因此在实践中必须要建立起一个新的、完善的教学方法体系以适应新课标的要求，新时期体育教学要遵循体育教学客观规律，结合具体教学内容，按照划分的5个领域和6个级别构建新的体育教学方法体系。也就是说在体育教学实践中，每堂课都是根据目标来确定内容的，其所包含的5个内容领域都有着各自不同水平的目标，体育教师依据各个领域的水平目标值来选择最具有科学性和合理性的体育教学方法。

四、高校体育教学方法的选择标准

目前，各个学校在开展体育教学时所采用的方法丰富多样，且各具特点。要想将教学方法的价值真正发挥出来，各个学校体育教师就一定要重视教学方法的选择。具体来说，学校体育教师为体育教学挑选方法的标准主要有以下方面：

（一）依据教学目标进行选择

根据教学目标、教学任务的不同，教学方法在选择上也会存在一定差异。具体来说，体育教师在基于体育教学目标选择体育教学方法时，需要注意如下事项：

（1）体育教师一定要基于体育教学的总目标来选择体育教学方法，以此来确保不管是每次课的教学目标还是总体教学目标都能实现。

（2）体育教师在选择教学方法时，一定要基于本次课的教学目标来选择合适的教学媒体以及方法。

（3）体育教师在选择教学方法时，一定要注意将教学目标进行细化，据此确保每一个小目标都能实现。例如，出于引导学生学会新技能的目标，体育教师应该多运用讲解、示范、分解、模仿等教学方法。

（4）学校体育教学在选择方法时不能只为一时的收益，而放弃长远利益。

（二）依据学生特点进行选择

体育教学所面临的群体主要是学生。如果没有学生，体育教学将会失去其存在的意义。具体来说，体育教师在选择体育教学方法时首先需要考虑的是，这一教学方法是否有益于促进学生体育学习，所以一定要基于学生群体的实际需求以及特点来选择教学方法。这要求体育教师既要关注学生的群体特点，又要关注学生的个体特点。具体来说，体育教师在基于教学对象即学生的特点来选择教学方法时，应该重点关注如下几点：

（1）就学生这一群体所具有的特点来说，体育教师一定要注意把控这一群体的共性，据此来选择体育教学方法。例如，低年级学生定性较差，爱玩，体育教师就可以在教学过程中多采用游戏这一方法进行教学；高年级学生的专注力更加持久，也有了思考能力，所以体育教师可采用探究、发现法教学，引导学生在自主探究以及解惑的过程中一步一步地培养起参与体育运动的习惯和意识。

（2）就学生这一群体的个体特点来说，体育教师应该关注学生个体差异，据此安排教学方法。

（三）依据教师条件进行选择

在体育教学活动中，体育教师不只是组织者、指导者，还是安排者、选择者、实施者。因此，体育教师在选择教学方法时应该考虑自身的相关条件，具体要求如下：

（1）体育教师在选择体育教学方法时，应该注意考虑该方法是否适合自身。换句话说，体育教师应该考虑运用这一方法是否可以将自身的素质水平、知识结构、教学能力与经验发挥出来，保证教学的顺利进行。

（2）体育教师在选择体育教学方法时，应着重研究这一教学方法是否和教师的教学风格、性格特征契合。

（3）体育教师在选择体育教学方法时，应该与本次课的教学目的以及课堂控制进行结合。

总而言之，体育教师在为学校体育教学选择教学方法时，一定要注意基于自己的特点来选择教学方法，扬长避短，使教学方法更具针对性。

（四）依据教育理念进行选择

在选择教学方法这一过程中，教学理念具有重要指导作用。具体来说，体育教师在为学校体育教学选择方法时，应在最新体育教学理念的指导下进行，需要遵循如下几点：

（1）现代体育教学深受素质教育的影响，强调以实现学生身心健康全面发展为目标。对此，体育教师在为学校体育挑选教学方法时应坚持"以人为本"，保障学生可以积极主动地参与到体育学习之中，同时有利于学生"终身体育"意识的形成。

（2）体育教师在选择体育教学方法时，应该坚持以学生为主，根据学生实际需求来选取教学方法，进而确保学生的积极主动性被充分激发出来。

（3）体育教师在选择体育教学方法时，应该注意对学生体育意识的培养，为其走出校门、走向社会后继续参与体育活动奠定扎实的知识与技能基础，保证其在未来发展中可以主动参与体育运动。

（五）依据教学内容进行选择

学校体育所涵盖的教学内容丰富多样，为了能够保障学生很好地掌握这些教学内容，教师需要据此来选择特定的教学方法，这样才能确保整个教学得以顺利进行，学生得以深入地掌握教学内容。在学校体育教育教学系统中主要有两个构成系统——教学内容、教学方法，二者、存在十分紧密的联系。因此，在选择教学方法时一定要重视对教学内容的考虑。操作要求具体如下：

（1）体育教师在选择体育教学方法时，一定要重视教学方法的实用性，即保证其可以切实可行地在体育教学中加以运用。例如，体育教师在教授技术动作时，应该运用主观示范法为学生讲解该技术动作。

（2）体育教师在选择体育教学方法时，应该注意基于教学内容的表现方式进行选择，以此保证学生以极大的热情尽快掌握该种教学技术。例如，图片展示这一方法具有直观性、便捷性，多媒体教学这一形式具有生动性、细致性，不同的方式具有不同的特点，学生可以根据实际内容选择适合的教学形式。

（六）依据教学环境与条件选择

体育教师在选择体育教学方法时一定要综合考虑整个教学活动牵涉的教学因素，尤其要重视对客观教学环境与条件的考虑。

具体来说，教学环境不仅包含场地、器材，还包含班级人数、课时数等。与此同时，外界社会文化环境的好与坏也会对教学环境产生十分重要的影响。体育教学条件包含体育教学的硬件条件、软件条件等。

在开展学校体育教学活动过程中，人的主观意志会对教学方法的选择产生十分显著的影响。体育教师在选择教学方法时，除了需要关注客观教学环境因素之外，还需要对某一种教学方法所需要的客观环境和条件加以充分考虑。

五、高校体育教学方法的优化与创新

（一）高校体育教学方法的优化

1. 转变高校体育教学理念

当今社会信息技术发展迅猛，教学与网络技术的融合已经成为一个不可逆转的趋势。事实证明，在教学中，运用网络技术，可极大程度地保证整个教学取到良好的结果。为了能够将网络技术的作用发挥出来，体育教师需要及时对教学理念进行调整。对此，学校体育教师和相关工作人员一定要以开放的态度面对当下流行的新理念、新事物，以此来为现代体育教学手段在体育教学中的实际应用提供便利。体育教师要严格要求自己，提升专业素质，努力在实际教学中不断发现自我、完善自我，保证信息技术在体育教学中发挥出最大作用。

2. 加强教学手段创新意识

要想实现体育教学手段的创新，关键在于引导一线体育教师以及体育教学相关管理部门形成正确的思维和意识。以体育教师为例，倘若体育教师具有创新意识，那么他们不管在教学中还是在与学生日常接触中，都会时时刻刻关注培养学生对体育运动形成兴趣,并注意学生创新能力的提升。有关研究表明,体育教学手段要想实现现代化,离不开体育教师激发学生的创造欲望、满足学生的心理需要,以及体育教师高度的工作责任感。

3. 优化体育教学硬件设施

学校配备足够的体育教学场地、设施、器材装备,可以很好地满足开展体育教学的实际需要,这同时也是发展体育教学的手段,实现教学现代化的基础。

4. 充分利用体育教学软件

体育教师在开展体育教学过程中,要基于集计算机、投影仪、录像播放三者于一体的多媒体技术,将那些难度相对较高的动作技术制成电脑动画,以便学生可以多次地、慢速地、多方位地、动静结合地来观看整个技术动作的演示,如再配以一定文字对该类动作的关键部位进行解释说明,学生势必会对所学动作技术要领和动作结构有更加深刻和清晰的理解与认识,这样可确保学生对正确动作快速形成概念,极大程度地提升教学效率。

那些功能强大、全面、实操性较强的教学软件可极大程度地激发学生学习体育动作、体育理论的兴趣。这进一步说明教学软件的开发利用在学校体育教学中扮演着非常重要的角色。例如,在开展篮球体能训练时,倘若体育教师采用动画或者视频等动态形式对体能训练进行讲解,供学生反复进行观看,再辅之文字讲解,就可以直接对学生的感官神经产生一定刺激,使学生产生强烈的好奇心与兴趣。具体来说,大力开发体育教学软件,除了有益于进一步优化体育教学内容、教学模式之外,还能进一步拓展以及丰富学生对所学内容的领悟路径。

此外,出于进一步丰富和拓展体育教育资源的目的,各学校还应该搭建起网上教学资源库,以便学生借助校园网在教学资源库中获取自己所需以及自己感兴趣的知识,在线主动学习,这有利于为学生营造出一个更好适应、高度互动、个性化的智能教学环境。

(二)高校体育教学方法的创新

1. 分阶段教学方法

(1)准备活动的方法创新。准备环节是学校体育教学的重要环节之一。好的准备活动可确保学生不管是身体机能还是心理机能都可以快速进入准备状态,极大程度地降低了运动损伤的发生概率,使整个运动过程得以顺利进行。因此,体育教师在创新体育教学方法的过程中,应该以准备活动为着手点,让学生得以放松身心,为后续教学的顺利进行提供保障。

具体来说,准备活动通常可分成两种形式——一般性准备和专项准备。在一般性准备活动中,可通过游戏的形式激发学生的参与热情,保证学生大脑的兴奋性得以提升。例如,可以采用以"贴人""报数"等为代表的过程简单、组织便捷且具有极强灵活性的游戏,引导学生的身心迅速处于准备状态。而在专项准备活动中,体育教师可基于教学内容适当引入一些与之相关的内容。例如,体育教师可在开展投掷类运动之前开展一个传球游戏,既可以让学生放松身心,激发起学生学习的热情;又可以让学生做好热身,避免运动损伤的发生,进而为后续教学的顺利进行做好铺垫。

(2)课堂教学的方法创新。体育教师将创新理念融入实际教学中,一方面可使整个课堂氛围更加生动活泼,使原本枯燥且单一的训练充满乐趣;另一方面又可将学生的学习热情尽可能地激发出来,使学生不仅可以深入理解相关理论,还能尽快掌握相关运动技能,促使整个教学取得理想的成效。

(3)结尾阶段的方法创新。结尾阶段方法的创新同样不应忽视。体育教师如果在开展学校体育教学过程中很好地对结尾阶段进行创新,会让学生产生一种意犹未尽的感觉,这无疑对学生运动习惯的养成、运动意识的形成具有十分重要的意义。

(4)游戏形式的方法创新。游戏法是学校体育教师创新体育教学方法的重要形式之一。这种方法相对其他类型的教学方法更具娱乐性,可提高学生学习热情,是当下较为理想的教学方法之一。例如,大学生不管是判断力、观察力还是想象力、反应能力都是极强的,游戏可以很好地将学生的智力展现出来。因此,体育教师在具体开展学校体育教学时一定要设计出一些更具趣味性、创新性的游戏,进而引导学生实现全面发展。

2.组合创新教学方法

组合创新教学方法顺应了现代体育教学方法优化组合的发展趋势。所谓组合创新,主要是指体育教师基于合作学习法来进一步对教学方法进行完善和创新,使体育教学最终收获良好的教学效果。

第二章

高校体育课堂教学与评价分析

第一节 体育课堂教学的准备内容

体育课的准备，通常称备课，即课前准备。备课，有时人们可能认为只是写一个教案那么简单，其实不然，备课可以有不同层面的理解。"备课是对整个教学过程的总策划和总设计，它体现了教师的教学观念，表达了教师的创新思维。"[①] 从宏观层面来说，只要跟上课有关的、所做的方方面面的准备都可以称之为备课，不仅包括对教材的分析、对学生的分析，还有教学策略设计、场地器材的规划等；从微观层面来说，备课可以理解为写教案。教师应充分了解备课各要素，为课堂教学打下坚实基础。

备课是由思维转化成实操的过程。体育教师对体育学科要有过硬的把控能力，要掌握教育一般理论和体育基本原理，了解当今体育课程改革的动向，了解学生的身心发展规律，等等。上好一堂课，备好课是前提保障。

体育教师在进行备课时，要考虑到各种影响因素，因为备课的本质就是一种"预先设想"，在教学实施的过程中会存在一些不确定因素，备课就是以我们思考的结果为依据，将教学内容操作化，编排成可供学生学习的过程。在备课过程中最主要的就是根据单元教学设计方案制订出课堂教学方案。备课其实是不断细化的过程。在备课的过程中要对各种因素进行全面充分的衡量、分析、评判，其中

---

① 侯付禄.高校青年体育教师备课应注意的六个问题[J].考试周刊，2012（17）：115.

包括课程、学生、教师自身、教材、场地器材等。

因此，教师有必要掌握备课过程中需要遵循的一些基本的、体育学科所独有的理论和规律。

一、理解体育课程教学的内涵

学科核心素养是学科育人价值的集中体现，是学生通过学科学习而逐步形成的正确价值观念、必备品格与关键能力。体育与健康学科核心素养主要包括运动能力、健康行为和体育品德。

（一）运动能力

运动能力是体能、技战术能力和心理能力等在身体活动中的综合表现，是人类身体活动的基础。运动能力分为基本运动能力和专项运动能力。基本运动能力是从事生活、劳动和运动所必需的能力；专项运动能力是参与某项运动所需要的能力。运动能力的具体表现形式如下：

（1）体能。体能是学生竞技能力的基础，是学生身体机能能力、体育运动能力的综合体现。一般而言，体能是通过力量、速度、耐力、灵敏、柔韧、协调等运动素质表现出来的人体基本的运动能力，是运动员竞技能力的重要构成因素。

体育课对学生进行体能训练，不仅是由它的学科特点所决定，也是当今社会对学校体育的诉求。为此，作为一线体育教师，虽然无法改变社会、制度、环境等因素，但是可从自身做起，从体育教学有效设计的角度，研究制定运动项目教学指南，利用"体育课堂教学"这块阵地，切实提高学生的运动技能，发展体能，为学生体质健康水平的提升助力，努力提高体育教学质量，使学生养成终身体育锻炼的习惯。但学生的在校时间是有限的，所以也需要家长利用学生在家的时间带领学生积极参与体育锻炼，促成课内课外一体化，共同促进学生体能水平的提高。

（2）技战术能力。技战术主要包括技术和战术。技术更多的是针对个人而言的，是指学生对学习的动作内容掌握的程度，而战术则不仅仅是针对个人而言的，对于集体项目来说，战术更多地会涉及多人的协作配合，这体现学生通过学习后运用技术与对情境理解的能力。因此，技战术能力主要是指学生通过学习和练习后，对相应技术与战术的运用能力，对体育学科来说，这是核心素养中需要培养的重要方面。

（3）心理能力。运动员心理能力即指运动员与训练竞赛有关的个性心理特征，以及依据训练竞赛的需要把握和调整心理过程的能力。一方面，在竞技运动训练与竞赛中，运动员的体能、技能、战术能力以及运动智能，都只有在其心理能力的参与配合下，才能得到充分的体现；另一方面，在不同的条件和不同的状况下，心理能力在运动员竞赛能力中的价值也有所不同。不同类型的运动项目对运动员的心理能力有着不同的要求，不同水平的选手比赛时心理能力的作用也不同。

（二）健康行为

健康行为是增进身心健康和积极适应外部环境的综合表现，是提高健康意识，改善健康状况并逐渐形成健康文明生活方式的关键。健康行为包括养成良好的锻炼、饮食、作息和卫生习惯，控制体重，远离不良嗜好，预防伤害事故和疾病，消除运动疲劳，保持良好心态，适应自然和社会环境的能力等。健康行为的具体表现形式为体育锻炼意识与习惯、健康知识掌握与运用、情绪调控、环境适应。

随着我国社会经济的快速发展，青少年对社会的接触也越来越方便，部分青少年接触到一些不健康的行为，这极大地危害了青少年的健康成长。而体育锻炼是促成青少年健康行为的有效重要手段之一，所以体育课堂的合理教学有着十分重要的意义。体育教师需要使用有效的教学策略，增加学生对体育课的兴趣，提高体育课堂效率，培养学生科学从事体育锻炼的意识和习惯，从而培养学生的健康行为。

（三）体育品德

体育品德是指在体育运动中应当遵循的行为规范，以及形成的价值追求和精神风貌，对维护社会规范、树立良好的社会风尚具有积极作用。体育品德包括体育精神、体育道德和体育品格三个方面：体育精神包括自尊自信、勇敢顽强、积极进取、超越自我等；体育道德包括遵守规则、诚信自律、公平正义等；体育品格包括文明礼貌、相互尊重、团队合作、社会责任感、正确的胜负观等。

培养学生良好的体育品德是德育的重要内容，也是体育学科所赋予的内在要求，是由其自身的学科特点所决定的。如对于篮球项目来说，个人技术能力固然重要，但不能因为注重个人意识，一味地凸显自己的"实力"，而忽略团队成员之间的协作配合。因为即使所有队员的个人能力都很强，也未必能取得最终的胜利。在体育竞技中，既要求参赛队员发挥个人能力，又需要团队的合作。因此，在体育课的预先设计中就应注重学生合作意识的培养，这是体育课程改革中对体育"育人"功能的进一步彰显。

体育课的特点是需要承受一定的运动负荷，而当前部分不少学生遇到需要耐力、技术难度高、身体对抗激烈的项目就胆怯、退缩。出现这种情况时，教师在教学中要有耐心，循循善诱，进行有的放矢的教育。既要耐心地讲解示范每一个动作的要领，又要对学生的进步及时鼓励，使学生逐渐消除畏惧的情绪。通过反复训练，使学生有克服困难的勇气，逐渐培养其不怕苦、不怕累、敢担当、不屈不挠的意志品质。

对高校体育课程标准的把握，体育教师应该树立新的理念，多进行学习。可以通过参加教研活动、访问专家、阅读学习、搜集科研资料等不断思考与提升自我，使自己课前所设计的教学方案更贴近课程标准的理念与要求，为课堂有效教学打下良好基础。

二、把握高校学生发展的规律

了解学生是备课中的一项重要内容，学生不仅是教学的对象，而且是学习的主体。教学是师生的双边活动，只有教师的积极性而没有学生的主动性不会产生良好的教学效果。备课不备学生，不了解学生的情况，也很难掌握好适宜的尺度。因为，教学内容的安排要考虑学生的机能状态；教学任务的确定要依照学生的素质水平；教学方法的选择要推敲学生的接受能力；运动负荷的大小要适应学生体质的强弱。

备课时只有充分全面了解学生，才能做到因材施教。对学生了解得越多越全面，备课的依据越充分，教学的针对性越强，教学效果就会越好。备课是上好课的关键，教师通过备学生，可以加强备课的目的性、针对性和实效性，从而优化教学过程，发展学生潜能，促进学生人格的健康发展。

（1）身体素质发展。高校阶段的学生身体增长的速度逐渐减缓，他们的身高、体重、胸围、肌肉、骨骼都接近成年人的标准。身体发育基本成熟，骨骼已基本骨化。神经系统发育完全，大脑皮质和机能已达到成人水平，兴奋和抑制过程基本平衡，第二信号系统起着重要的调节作用，但神经联系的复杂化和大脑活动的机能仍需完善。

（2）人类动作发展。人类动作发展对体育学科的学习来说是非常重要的支撑，因为体育学科本身以身体练习为主，学生在学习技能的过程中，其基础就是动作。因此，教师要了解动作的发展规律、动作的发展特征以及动作的发展序列。教师在备课时，所选择的教材、内容要符合该年龄阶段学生的动作发展规律，并且能够判断学生动作能力或技能水平是否符合特定年龄段的发展水平，以及识别学生动作发展的正常序列，避免动作发展滞后带来的学习和生活障碍。

人的动作发展具有一定的时序性，教师在备课过程中所需选择的教学内容、方法、手段等都应该注意每个阶段学生在动作发展层面上的需求，注重对各时期主要动作的干预。

体育学习最重要的就是为学生后续的体育学习和锻炼打下坚实的基础。动作技能的学习与发展是一个不断变化的过程，它是遵循人类动作发展的序列而发展的。

三、分析高校体育学科的教材

从体育学科本身来说，由于体育项目的种类丰富多样，所以可供选择的教材也就比较广泛。例如，田径中的跳远、铅球等，球类中的足球、篮球等都有各自的教材。教材是进行教学的基础，是解决教什么和为什么教的关键，对教师课前准备、科学制定教学策略有重要意义。

（一）教材解析的意义

分析教材是整个备课工作的基础，也是备好课的主要环节。只有把教材烂熟于心，才能为备好课提供必要的条件。对教材的理解和分析是备好课、上好课和达到预期教学目的的前提和关键，对顺利完成教学任务、实现教学目标具有十分重要的意义。

（1）对教材的理解和分析有助于教师掌握体育教材的逻辑体系。分析教材有助于教师掌握教材的逻辑体系，尤其是体育学科的学习，它是以身体练习为基础的学科，在动作技能学习上有一定的逻辑性。因此，只有全面熟悉教材、分析教材，清楚学习内容前后之间的关系，才能够把握好教学活动的高效性。

（2）对教材的理解和分析有助于满足学生的发展需求。分析教材能够使教师清楚教材的价值所在，继而组织编排适用于教学对象的学习内容，最大限度地促进学生的身心发展。

（3）对教材的理解和分析有助于教师科学地设计教学活动方案。分析教材能够了解整个教材的基本内容，清楚教材中各部分之间的结构体系，把握好教材的特点。在分析教材的基础上，选择必要的学习方法以丰富教学内容，促进学生的学习，使教师对教学活动进行科学的设计，达到教学活动方案的最优化。

（4）对教材的理解和分析有助于全面贯彻和落实体育与健康课程标准。通过认真钻研教材，可以全面理解和掌握教材，深刻理解教学目的和任务，把知识、能力、情感态度和价值观等培养目标具体化，并把它们合理地内化到各单元以至每节课的教学之中。

此外，钻研教材不仅是教师教学工作的重要内容，也是体育教师进行教学研究的一种主要方法，是教师的教学能力和创造性劳动的充分体现，对于教师业务素质和自身素质的不断提高、教育理论知识的加深理解、教学质量的提高都具有十分重要的意义。

（二）体育教材的分类

由于体育项目的种类丰富多样，所以可供选择的教材也就比较广泛，而教材又是我们进行教学的基础，是解决教什么、怎么教的关键。不同类别的运动技能教材在进行设计时是有所区别和侧重的，准确把握动作技能"类"的归属是有效教学的重要一环。因此，教师应该对体育教材的分类有一定的了解。

体育学科的学习，应考虑的是具体的内容，即具体的运动技能。作为教师应该对学生学习的内容进行具体化分析，这将有助于教师对教材的把握，保障设计的科学性。运动技能依据不同的标准分类，可以使我们对运动技能有不同的理解。

尤其是其划分有助于教师对教学内容的深入了解，以便于教师对教学方案的设计。

针对运动技能的学习将运动技能划分为开放式和闭合式两类是我们认为目前与体育学习特点比较契合的分类方法，这种分类法能够更好地服务于体育教学。以这种分类形式来设计和实施体育教学活动，能够使体育教师更好地理解教材的特点，能够有效促进学生运动技能的学习。

（1）开放性运动技能主要根据外部环境信息的反馈进行调节，动作时空结构须根据外部环境变化做出相应调整。运动员在做出技术动作之前要事先判断周围情境的变化，选择相应的技术动作，即操作的环境线索可预测程度低、不稳定。以足球为例，在运球过程中，必须判断对手的位置、速度、方向，以及对手的位置、过人空间，才能决定采用何种技术动作绕过防守队员。在这个过程中，对手的各种信息就是情境变化，这一类基于即时情境变化刺激的运动技能称为开放式运动技能。综观体育课堂教学项目，如篮球（不包括罚球）、足球、排球、羽毛球、乒乓球等，都是开放式运动技能项目。学习这类运动技能应达到减少开放性或不可预期性的目的，使学习者确切把握环境的变化，具有处理外界信息的能力与事件发生的预测能力。

根据开放式运动技能的概念，环境的变化性是开放式运动项目技能学习的核心特征，从外界环境变化到动作技能本体应答，这个学习的过程与原理在诸多开放式运动技能中是相通的。据此，可以从本体感知（对手、同伴意图、环境的感知、预判能力）、环境外显特征（动作、器材的变化）、本体决策（瞬时、合理的技术选择）和本体应答行为（合理的动作技术）四个阶段来理解开放式运动技能的形成过程与原理。

开放式运动技能的学习原理并不否认学习基本技术的重要性，而是强调在整体环境交互中学习基本技术。近年来，在开放式运动技能——球类教学中出现了许多新方法，例如领会教学法就是根据开放式运动技能特点产生的。

领会教学法把体育课堂教学的着眼点从传统的强调动作技术的发展调整为培养学生的认知能力、瞬时决断能力及兴趣，将学生认知能力和战术意识的培养作为球类教学的重要内容，将训练学生应付球类运动中的各种复杂情况和突发问题的能力作为教学的关键，并根据学生的实际情况，开展有差异性的教学，因人而异地教授各种技巧动作，最大限度地调动学生的参与度。

领会教学法强调组合技术的整体性与实用性，教师对运动技能的传授要从前后关联的整体性思路入手，从教学之初先让学生参与降低要求的比赛（称为简单的对抗赛），使学生在实践中领会学习运动技能的重要性，从而产生"有意义学习"，然后再进行常规的运动技能学习，使学生充分认识到运动技能学习的意义所在，提高学习动力与效率。这种方法将学生技术动作的学习寓于攻防对抗之中，使学生能够更好地理解与把握球类运动的本质规律和不同技术之间的内在联系。学练过程增加了比赛中应用性练习的次数，节约了单个技术教学的时间，使得学生的实践与理论得到了较好的统一。

（2）闭合式运动技能在多数情况下主要依靠内部本体感受器的反馈来调节动作的方法顺序，即动作操作的环境线索可预测程度高、稳定性强；运动员在做出技术动作之前不需要考虑外部情境的变化。以武术套路为例，表演者在做动作之前已经知道下一个动作是什么，只需要考虑动作的准确性、规范性就可以完成技术动作。这类不需要考虑外部情境变化，具有一定指向性的运动项目称为闭合式运动技能项目，如健美操、武术套路、跳高、跳远、铅球等。

闭合式运动技能学习的规律基本上是反复练习，从而建立对该项运动的一种记忆。这一过程是闭合式技能学习的过程，属于本体感受器所介入的反馈调节的动作，完成动作时外部环境在本质上是相对稳定的，要求动作尽可能稳定、精确，如体操、射击、游泳、掷垒球、铅球等。学习这些技能的关键在于反复练习，直到达到理想的模式和自动化程度。

不同的运动项目有着不同的运动技能特征，根据运动技能结构的不同，将运动技能加以分类，可以使教师的教学更具针对性，目标更明确。但是，这样按照某一特定标准来划分不能涵盖运动技能的所有特征，同一类型的运动技能仍然存在对学练方法产生影响的差异性特征。

通过对体育运动技能分类的分析，能够使教师清楚体育教材或教学内容的不同，会使得教师在设计的过程中，无论是在内容的编排上，还是在教学方法的选择上，都会有所差别。教师在设计教学时，一定要了解项目的特征，比如篮球是怎样练习的，可以设计哪些形式（也可以说是内容组合、练习形式）等，但一定是围绕篮球的整体特性设计，包含着该类运动的核心性关系，篮球的整体特性是同一场地内交错进行的进攻—防守型运动，而不只是运球、投篮、传球等单独的技术练习。因此，将运动技能划分为开放式和闭合式两类，能够真正地反映出体育学科学习的最大特点，同时为后续的教学设计奠定基础，也为体育学科的有效教学提供理论依据。

四、分析高校的客观条件设施

体育教学的支持性条件主要包括学校的场地、器材、人员等各种人力、物力资源情况。体育教学的开展必须要依赖学校的场地、器材来进行，因此教师在备课的过程中就必须要清楚学校所具备的条件，以便于所设计的体育课能够顺利开展。同时，了解、分析学校的场地和器材，也会为教学资源开发改造提供基础。体育备课时可以通过思考对学校现有的场地、器材等各种资源进行开发改造来促进教学。备课也好，上课也好，最终依托的都是学校的物质基础。因此只有认真分析学校的客观条件，充分思考所在的外部环境，才能使所备的课具有适宜性。

第二节 体育课堂教学的组织与管理

一、体育课堂教学组织

体育课堂教学组织是体育教学正常有序开展的纽带，良好的体育课堂组织管理是体育教学质量的保证，也是体育教师业务工作的基本内容之一，更是体育教师教学能力的重要内容。体育课堂教学是指在学校规定的一节课中，按照教学计划规定的内容，由专任教师和学生在规定的教学时间及地点进行体育教授和学习活动的过程。

体育课堂教学概念包含三个规定因素：一是有规定的时间，即体育课堂教学是在规定的时间内进行的（通常每周是按一定间隔时间安排两次课）；二是有规定的内容，并有专任教师进行有目的、有计划的规范系统的教学；三是有规定的教学地点，它区别于课外体育活动和学生自由的体育锻炼行为（通常安排在各种体育场馆内进行）。

体育课的教学组织形式主要由两部分构成：一是编班分组；二是分组教学。

（一）编班分组

目前我国体育课常用的编班形式有以下三种：

（1）按自然行政班上课。可按原班男女生混合上课，多用于体育教师较少的学校里。

（2）按男女生分班上课。可先将同年级若干班级的男女生分别合起来，再按编班容量分成男生班、女生班分别上课。

（3）按选项模块分班上课。可将具有相同兴趣和爱好的学生组成若干个班，再以班为单位分别上体育课。

（二）分组教学

分组教学是把一个班分成若干小组，教师以小组为单位来进行指导的教学组织形式。这种教学形式既保留了班级教学的长处，又能在一定程度上解决区别对待的问题，即教师可以根据各小组的不同特点进行不同的指导。这种分组通常是以学号、身高等自然因素来进行，也可将学生按照运动能力分成不同水平的小组，教师根据不同小组的实际水平进行教学。每组有指定的小组长，通常起着"小教师"的作用。

教学分组有随机分组、同质分组与异质分组三种。

第一，随机分组。随机分组就是按照某种特定的方法或标准，将学生随机分成若干小组。小组成员之间没有共性，小组间也没有明显差异。随机分组简单、迅速，具有一定的公平性。缺点是无法很好地做到因材施教，无法考虑学生的兴趣爱好与体育需求，不能满足学生个性的发展及需要。

第二，同质分组。同质分组是指分组后同一个小组内的学生在体能和运动技能上大致相同。同质分组的方法在教学中常自觉和不自觉地得到运用。例如，在田径的跨栏课教学中，我们常设置不同高度的栏架让学生有所选择，经过一段时间的练习，每个学生基本可以选择最适合自己的栏架高度进行练习，这时的分组形式即为同质分组；在篮球教学中，常常会将篮球技术水平相当的学生分在一起活动，在田径的短跑课教学中，学生总是要找与自己速度差不多的同学一起跑；

在中长跑课的教学中,学生刚跑过第一圈,队伍就已经分成了几个小"集团",这时形成的"集团"就是典型的同质分组。

第三,异质小组。异质分组是指分组后同一小组内的学生在体能和运动技能方面均存在显著差异。异质分组不同于随机分组,是人为地将不同体能和运动技能水平的学生分成一组,或根据某种特别的需要对"异质"进行分组,从而缩小各小组之间的差距,以利于开展游戏和竞赛活动。例如,教师可根据需要测试学生某个项目的成绩,用蛇形排列的方式将学生平均合理地分在各个小组中,此时形成的小组就是典型的异质分组。又如,在练习某一运动项目时,每个小组中男女生的比例相当,然后小组之间展开竞赛,这样的分组也是异质分组。

同质和异质的含义可以从心理学角度、身体素质角度、学习程度角度、道德品质角度等不同视角来人为区分,在学校体育教学中选择有效的学习方式和方法,从学生个体现有的学习程度来研究。

二、体育课堂教学的管理

体育教学的中心环节是课堂教学,要提高教学质量,就必须优化教学过程。每个体育教师在上课时都会有一些收获或不足,无论多么成功的教学课,总是存在可改进的地方,为使其臻于完满,就需要优化体育教学过程。

体育与健康课堂教学常规,是为了保证体育教学工作的正常进行,对师生的教与学提出的一系列基本要求,是学校体育教学管理的一项工作。规范体育与健康课堂教学常规,不仅有助于建立正常的教学秩序,严密课程组织,而且对加强学生的思想品德教育,促进学生身心的健康发展都有十分重要的作用。

( )课前常规管理

教师课前常规包括两点:第一,教师课前的准备和编写教案。教师课前应主动与班主任及体育干部约定,及时了解所上体育课班级的学生情况,并根据了解情况认真备课,写好教案;第二,场地、器械的准备和清洁卫生工作。应组织指导学生或亲自动手,及时布置和检查场地,准备教具,一切准备工作应在课前准备就绪。

学生在体育课前应充分休息，饮食适度。若因病、伤、女生例假等特殊情况不能正常上课，课前由体育干部或学生自己主动向教师说明，教师应根据不同情况，分别妥善安排。

师生在检查和整理好自己的服装（只能穿运动服、运动鞋）后，应按约定的时间提前几分钟到达规定的集合地点，等候上课。

（二）课中常规管理

（1）教师课中常规包含以下四点：

第一，教师待体育干部报告后，向学生宣布当堂课的教学目标、内容要求等教学安排，并指出这节课易出现的安全问题，然后逐步按计划进入教学状态。

第二，教师按教案进行教学，在无特殊情况下，不得随意更改；关心爱护所有学生，对学生进行适时鼓励，与学生共同创建和乐的教学气氛。

第三，注意安全卫生；检查见习生执行规定的目标、要求等情况的规定，以求面向全体学生。

第四，课程结束时，进行小结和讲评，让学生及时知道课中的表现。提出课后学习的要求，预告下节课的内容，布置学生课后归还器械和场地整理工作，有始有终地结束一堂课。

（2）学生课中常规包含以下四点：

第一，学生准时到指定地点集合上课。上课铃响后，体育干部进行整队，向教师报告班级情况。

第二，学生上课时，要专心听讲，仔细观看教师动作示范和启发引导，并积极思考，分析理解动作要领，有疑难问题及时提出，有机地把大脑思维与动作练习结合起来。

第三，学生须自觉遵守课堂纪律，爱护场地、器械，在教师的引导下，与教师共同学习努力完成课程的各项目标。

第四，课结束时，学生进行自我评价和对他人评价，并协助体育教师归还器械和场地整理工作。

（三）课后常规管理

（1）教师每次课后，应及时进行教学反思，并做好书面总结，如总结经验、提出改进措施等。

（2）教师要检查布置学生课后归还器材等工作的执行情况，以保证下节课教学的正常进行。

（3）对缺课的学生，要做好书面考勤记录，并进一步调查清楚，必要时给予补课或课外辅导。

第三节 体育课堂教学环境及其多媒体技术

一、体育课堂教学环境

环境会对社会和个体的发展产生重要影响，其包括自然环境、社会环境等，不同的环境对人的影响各不相同，教学环境作为环境的一种，是顺利开展教育活动的重要场所，是由多种不同要素构成的复杂系统。每个学科的教学环境都与其学科特点有着密切关联。体育教学环境作为教学环境之一，是一种较为特殊的人类生存环境，对人类身心健康的发展具有一定影响，在良好的体育教学环境中，教师能够更好地开展体育教学活动，学生也能够利用体育环境，提高自身体育学习能力。体育教学环境是一种活动空间领域，具有复杂性和多样性，需要充分考虑各种客观条件。

体育学科与其他学科存在不同，上课的场所是其中之一。体育教学活动的场所一般在室外，也有少数在室内，需要学生积极参与实践活动。对于体育学科而言，各种教育硬件设施也是体育教学活动的必备条件。除此之外，体育教学环境还需要一定学习氛围，需要有良好的师生关系、班风和校风等。因此，体育教学环境主要包括物质层面和人文层面的环境。对于前者，体育教学需要一定场所帮助学生开展体育活动，进行身体锻炼，此外，还需要相应的体育设备器械；对于后者，主要针对人文方面的要素，教师需要积极营造良好的体育教学氛围，激发和调动学生的积极性和主动性，让学生能够自觉参与体育教学活动，还要科学合理地安排教学内容和时间。综上所述，体育教学环境是影响体育教学活动范围和效果的各种环境因素的总称。

体育课堂教学环境在体育教学活动中具有重要意义，是体育教学活动必不可少的基础。与其他学科教学活动相比，体育教学环境对教学活动产生的影响更直接、更明显、更复杂，体育教学环境是师生教学活动的舞台，若缺失，师生的教与学会失去依托，失去基本立足点。

从表面上看，体育课堂教学环境虽是影响体育教学活动的外部因素，但实际上却以其特有的影响力，维持、干预着体育教学活动进程，而且系统地影响体育教学活动的效果。体育课堂教学环境之所以在体育教学活动中发挥着巨大作用，主要是其特性决定的。

（1）复杂性。体育教学环境有别于其他学科教学环境，影响体育教学环境的要素更多、更复杂，主要是由于体育教学绝大多数是在室外更为开阔的空间里进行。空间的开放性决定教学环境的复杂性。体育教学不仅要受到各种硬件条件的影响，还受到地理条件、气候条件、师生关系、校园体育文化氛围等因素影响，这些都决定了体育教学环境的复杂性。

（2）动态性。体育教学环境是按照一定教学目标和需要，专门设计和组织起来的一种多维度、开放式、全天候的动态变化环境，这一特殊因素是经过一定的论证、选择、提炼和加工后产生的，因而，比其他学科的教学环境更易集中，也更一致，且能系统地发挥作用，对体育教学产生重要影响。

（3）可控性。体育教学环境能够随时随地被调控。在体育教学活动中，教师可依照不同的教学环境和教学活动需求及时调控教学环境，避免出现消极因素，让更多积极因素促进学生身心健康发展，让体育教学环境为教学活动带来更多推动力。

二、体育课堂教学多媒体技术

（一）教学多媒体技术的基本特征

（1）多维性。多维性可以加强输出信息的表达方式，更加突出输出效果。高校在体育教学活动时,通常会使用多媒体技术,不仅让学生学习到基本的文本知识,还能更加仔细地研究图片。在多媒体技术的帮助下,学生能够更仔细地看清体育教师的各种体育动作,使教学效果更好。

(2)集成性。集成性是指把不同的信息相结合,比如将声音、文字和图像等信息组合起来,从而促进多媒体技术的完整性,丰富信息内容。除此之外,多媒体的集成性还指对有关多媒体产生的信息进行处理的各种设备集成。总之,多媒体的集成性是在各种设备上组合各种多媒体信息,同时,处理复杂的文字、声音和图像等信息。

(3)交互性。多媒体教学技术的另一个性质是交互性,通常是指人与人之间或者人和机器之间的交流活动。交互性是一种人和机器之间的交流能力,也就是多媒体用户和机器之间的交流能力。

(4)数字化。数字化是指各种多媒体产生的信息都会被处理成数字的形式,并且这些数字信息会被存储在计算机系统里。多媒体技术依托数字化处理,比如在处理各种信息时,可以用矢量方式存储图形,用点阵方式存储图像,还可以把要处理的音频和视频用数字编码的方式存储起来,从而使多媒体技术得到广泛应用、发展。

(二)体育教学中的多媒体技术

在体育教学中,多媒体技术可以与动画、视频等结合,更加生动地展示出体育教学课程的内容。

(1)更新体育教学观念。高校体育教学的传统教学模式通常以教师作为主导,而多媒体技术的发展和运用,对传统高校体育教学模式产生了重大冲击。随着多媒体技术的运用,体育教学过程中的人机交互活动和学生之间的交流也越来越深入,有效激发了学生的体育意识,促进了体育多媒体教学观念发展。多媒体技术的应用,是将教学基础建立在以学生为主体的层面上,为高校体育教学方法的多样化和实践化改革创造了有利条件,也促进了学生学习思路的改变和创新。

(2)提高体育教学质量。体育课程的传统教学过程更重视教师的教,并辅以一定挂图展示教学方法,实践课中也是以教师的讲解和示范为主要教学方式。因此受各种主客观条件影响,规范化和标注化示范难度较大的技术动作,体育教师无法帮助学生在短时间内形成正确的动作概念。高校体育教学过程通过结合多媒体技术，对以上问题有一定改善作用。体育教学可以借助文字和图片进行概念的形象化、具体化转变，并利用计算机完成高难度体育技术动作的示范和演练，从而有效解决体育教师在高难度动作上的标准化示范问题，提升教学效果和教学质量。体育教师利用多媒体技术还可以对复杂的动作进行慢动作处理，让学生更好地掌握动作要领和诀窍，帮助学生形成正确体育概念，有利于学生体育动作的规范化和标准化。

（3）提高学生的学习效果。利用多媒体技术可以调动学生的感觉器官，如听觉、视觉和感觉，使体育学习内容更加丰富化和生动化，也提升了体育教学的直观性和趣味性，帮助学生了解体育技术动作。

多媒体技术可以综合运用各种图标、音乐、色彩、动画、字体以及表现手法，使体育教学内容向着丰富化、生动化和具体化发展，有利于发挥教学内容的艺术性和感染性，并在一定程度上活跃高校体育教学课堂氛围，也让学生对体育教学的肢体美、技艺美和力量美有了更深刻的认识和体验，从而对体育项目的社会价值有更全面的了解，激发学生的求知欲望，加强学生的学习积极性，对提升教学质量和效果具有极大的帮助。

第四节　体育教学评价设计及其标准

一、体育教学评价的设计

（一）体育教学评价设计的意义

"人的能力是多方面的，教学能力虽然只是教师能力的一部分，但对教师来讲教学能力的高低对人才的培养极为重要。制定既能全面反映德、勤、绩、能，又便于操作的教学能力评价办法，完善科学合理的教学能力评价机制是激励教师

积极提升业务水平和教学能力的有效途径。"[①]科学合理地对体育教学评价进行设计有着十分重要的意义,具体表现在以下方面:

(1)体育教学评价设计能够促进体育教学的改革。体育教学评价的结果为体育教师判定体育教学状况提供了大量反馈信息,因而通过体育教学评价的结果,体育教师可以及时发现自己在教学工作中的不足。通过对不足的分析与研究,体育教师可以提出改革体育教学的方案与措施。如此一来,体育教学改革的步伐便会进一步加快,并能不断取得良好的成效。从这一角度来说,体育教学评价设计能够促进体育教学改革的有效开展。

(2)体育教学评价设计能够促进体育教师教学水平的提升。在开展体育教学评价时,对体育教师教学水平的评价是一项十分重要的内容。因此,科学地设计体育教学评价,对于体育教师教学水平的提升也有积极的意义,具体表现在:科学的体育教学评价设计能够帮助体育教师进一步明确自身的职责,继而更有责任感地开展体育教学活动;科学的体育教学评价设计能够帮助体育教师切实明确体育教学的方向以及指导思想,并在此基础上选择更为恰当的教学策略和教学方法,确保体育教学工作的针对性、有效性和创造性;科学的体育教学评价设计能够帮助体育教师准确地把握自己的教学优势和不足,继而有针对性地进行弥补。

(3)体育教学评价设计能够促进学生的发展。体育教学评价设计对学生发展的促进作用,主要是通过以下三个方面表现出来的:

第一,科学的体育教学评价设计能够帮助体育教师更加准确地了解学生的体育学习与掌握状况以及所存在的问题,继而有针对性地调整或改变体育教学方法、策略等,以确保学生能够切实掌握所学习的体育知识与体育运动能力。

第二,科学的体育教学评价设计能够帮助学生清楚地了解自己在体育运动方面的优劣,并在此基础上"对症下药",及时对自己的不足进行矫正,以切实提高体育运动能力。

第三,科学的体育教学评价设计能够激发学生参与体育运动的积极性和主动性,提高学生参与体育运动的自信心。

---

① 许万林,王云升,刘少敏,等.高校体育教师教学能力评价因素选择及其机制构成[J].经济研究导刊,2021(20):86.

（二）体育教学评价设计的原则

体育教学评价也是体育教师在体育教学过程中的工具之一，而体育教师要想充分发挥这一工具的作用，必须在对其进行设计时遵循以下六个原则：

（1）方向性原则。体育教学评价设计的方向性原则，指的是在设计体育教学评价时，要确保其能够引导体育教学向着正确的方向发展。在进行体育教学评价设计时要特别注意以下三个方面：

第一，设计的体育教学评价要能够为体育教师的体育教学工作指明前进的方向，即所设计的体育教学评价要有助于体育教师全面贯彻体育教育方针，在对体育教学规律进行深入探究的基础上，改进体育教学理念，总结体育教学经验，明确优势与不足，不断提高体育教学质量和水平。

第二，设计的体育教学评价要能够为学生的体育学习指明前进的方向，即所设计的体育教学评价要有助于学生明确自身在体育学习方面的优势与不足，以及自身的体育运动水平，确保学生的体育运动水平能够得到有效提升。

第三，设计的体育教学评价要有助于体育课程的进一步建设以及为体育教学的领导工作明确进一步发展的方向。

（2）科学性原则。体育教学评价设计的科学性原则，指的是在设计体育教学评价时，要确保其符合体育教学的规律，符合学生的身心发展特点，并能体现体育课程的特点以及体育课程标准的性质和价值。因此，在设计体育教学评价的目标时，要尽可能全面、客观、准确，并要合理地确定评价指标权重，以确保评价效果有较高的信度和效度。

（3）整体性原则。体育教学评价设计的整体性原则，指的是在设计体育教学评价时，必须要确保从整体出发，全面、全过程地进行评价，并要确保评价的内容能够涵盖体育教学的各个领域和体育学习的各个层面。

第一，涉及不同的角色，即学生、教师和宏观的体育教学工作，他们彼此既各自独立又相互联系。

第二，用发展的眼光看待评价对象，并要通过历史性对比来把握其发展状况，促进其不断发展。

第三，注意将体育教学融入社会生活的整体中去评价，这对于体育运动的健康发展是有一定帮助的。

（4）可操作性原则。体育教学评价设计的可操作性原则，指的是在设计体育教学评价时，要确保所设计的评价指标、评价方法等是简便、明晰、易于操作和推广的。不具备可操作性的体育教学评价，既不能充分发挥其作用，也无法在促进体育教学发展、提高体育教师的教学水平、提升学生的体育运动水平等方面发挥积极的作用，还可能会导致体育教学评价无法顺利开展。

（5）差异性原则。每一所学校的发展状况以及其所拥有的体育运动发展条件是不同的，而且每一个体育教师都是一个独特的个体，每一个学生也有着自身鲜明的个性。这就决定了在设计体育教学评价时要遵循差异性原则，以确保评价的客观性和有效性。

（6）发展性原则。教与学的过程是一个动态发展的过程，在这一过程中，教师的教学观念、教学方法、教学手段等会不断更新，学生的身心也会不断发生发展。基于此，在设计体育教学评价时必须要遵循发展性原则，即用发展的眼光来进行体育教学评价。

二、体育教学评价的标准

（一）体育教学评价标准的结构

体育教学评价标准的结构又被称作指标体系，其内涵主要包括体育教学评价标准的组成部分及其之间的层次关系。

1. 素质标准

素质标准是从高质量完成教学任务教师应具备的条件而提出的评价标准。良好的综合素质是一名合格体育教师的基本条件。教师的素质能决定学生的基本格调，还能在一定程度上影响学生未来的发展方向。具体来说，素质标准就是要求体育教师要有丰富的专业知识，热爱体育工作，有较强的责任感和事业心，有正确的世界观和高尚的思想品德，善于通过教学规律来展开教学工作，等等，只有当教师具备了这些素质，才能更好地引导学生往更高更远的方向发展。

体育教学活动是一个复杂的过程，其不同的评价标准反映的是体育教学系统中的不同侧面，对体育教学的作用机制也各有不同。素质标准反映的是对教师各方面素质的要求，职责标准反映的是对体育教师职责方面的要求，效能标准反映的是体育教学活动在效果和效率方面的要求，三个部分虽然相对独立，但是有着内在的统一性，在实际体育教学评价工作中，三者不一定每次都占有同样的比例，在不同的场景，会依据不同的情况，确认三者各自所占的比重。

2. 效能标准

效能标准主要包括效果标准和效率标准两部分。

效果标准是从工作效果的角度来设置教学评价标准。制定体育教学效果的评价标准需要考虑三个方面：一是考察学生对体育基本知识、基本技术、基本技能的掌握情况，主要是从数量和质量上来考察；二是考查学生综合能力的发展情况，比如学生的智力水平、个性特征、学习态度和学习习惯等；三是对学生的思想觉悟和道德水平进行考察，也就说要将道德教育融入体育教学实践当中。

效率标准主要是根据效率的高低，也就是按照收获与投入的比值来衡量劳动成绩的好坏。在体育教学评价上，在制定效率标准的时候，需要考虑成本因素，也就是在一定教学条件下和特定的时间范围内，体育教师是否能够按照教学大纲的要求和既定的目标值完成教学任务，学生的体育理论、运动技能、思想意识和认知能力是否达到了目标要求。

效果标准与效率标准二者既有相似之处又有所区别。相似的是二者都是对学生通过体育教学获得的进步进行考评，但是效果标准不考虑在教学活动中所耗费的人力、物力、财力以及时间上的成本，而效率标准则将以上条件都综合起来考虑，目的性更强一些，同时对教师的要求也更为严苛一些。在实际的教学评价中可以将以上两种考察标准综合运用，以得到公平公正的评价结果。

3. 职责标准

职责标准主要从评价对象在教学活动中所承担的责任的角度去评价体育教学质量的优劣。

在对体育教师的教学工作进行评价的过程中，首先，要看教师备课的质量，从教师的备课情况可以看出教师的治学态度，对教学大纲和国家要求的教学理念的理解程度，也可以从教师的教学安排看出教师是否了解自己的学生，对于教学目标和内容的把握程度如何，这些都是制定职责标准需要考虑的。其次，是看教学目标是否明确，授课内容是否具有适应性，教学目的是否明确、重点是否突出，选择的教学方法、手段是否具有科学性和有效性，讲解和表达是否精准到位，动作示范是否标准等。再次，看教学过程是否融入了先进的教学理念，是否严格遵守教学原则。如果做到了这些，那么体育教学课堂气氛一定是生动有趣、有张有弛的，既能够看到实实在在的教学效果，又充满了人性的光辉。

职责标准主要是针对体育教师而言的，其优点是可以增加教师的使命感，提醒教师牢记自己作为教师需要具备的责任心与事业心，关注教学活动的全过程，但是教学评价不能太过于倚重职责标准，而是要与其他的评价标准有机地结合起来，以防出现形式主义的极端情况。

（二）体育教学评价标准的类型

1. 主观标准与客观标准

主观标准是指标准制定者以评价内容的客观要求为主要依据，凭借自身的经验，按照自己对评价对象的理解和认识而制定的评价标准。该评价标准带有强烈的主观情感意识和个人偏好，在对其进行确定的时候需要经过集体讨论、反复论证和最后的修订，才能够最终得以实施应用。在体育竞赛中技术动作的评分标准就属于典型的主观性标准。

客观标准是指在把握了体育教学发展的一般规律以及评价对象的普遍性、关键性特征的基础上而制定的评价标准，这种标准不会由于个人经验不同而发生改变和歧义，例如教育考试一般将60分作为及格标准，这就属于客观标准。

2. 相对标准与绝对标准

相对标准是指根据评价的目的不同，评价对象在个性特征和素质水平上也存在一定的差异性而建立的、具有一定灵活性的评价标准。根据该标准的评价结果可以基本判定个体在集体中所在的位置。例如选拔性考试的分数线、评选先进的条件和标准等都是相对标准的具体体现。

绝对标准是指立足于大的方向和角度而建立的评价标准，它不会由于某个人或某个群体的特殊性而发生改变，只会随着体育教学总目标、总要求的改变而改变。其评价对象是面对所有的教师或学生群体，也就是说绝对标准在某固定的范围内具有普遍性、无条件适用性，不因为某个人的特殊情况而发生改变。依照此评价标准来判断体育教学是否达到教学目标，就直接可以得到一个非常清晰明确的答案。

3. 定量标准与定性标准

定量标准是指对各种规范和要求都做了规范化、数量化的标准，具体而言就是说体育教学评价体系对于各项要求都有具体数量上，或者精细化的评价标准。在体育教学评价中利用定量标准有助于提高评价结果的精准性。

定性标准主要是以优劣、好坏等泛化描述来对体育教学的目标达成程度以及教学中体现出来的行为特征进行评价的评价标准。该评价一般较为简便，常用评语描述或者符号表示。

以上各种教学评价标准的概念相对独立又具有内在的关联性，可以相互包含，相互渗透。如考试的满分设为100分，这是一个常规意义上的评价标准，它既是定量标准也是绝对标准，同时还是一种客观性标准，所以说这几种划分方式之间是可以互通的，并没有绝对的界限。

（三）体育教学评价标准的制定

1. 制定依据

（1）教学评价标准的制定要考虑社会对体育教学的要求。体育教学是社会发展的产物，按照当今社会的发展需求，体育教学的核心功能就是培养身心健康的、全面发展的人才，并以此推动社会的发展与文明。因此必须要深入研究和学习，才能正确把握制定体育教学评价的标准。

（2）教学评价标准的制定要以教育学科的相关知识为基础。一切体育教学活动包括体育教学的评价都要以教育学科的理论知识为指导，这主要是由于教育学科的本质作用是揭示教育教学规律。体育教学评价作为重要的教学活动之一，也需要相关的理论知识作为支撑。比如说，如果体育教师不能很好地把握体育教学的本质目标和特征，不能深刻理解体育教学的基本原则和一般规律，不能掌握丰富的体育教学理论知识，就根本无法制定科学合理的体育教学评价标准，更不用说对体育教学实践产生良好的促进作用了。

（3）教学评价标准的制定要考虑被评价对象的状态和水平。教学评价本身并不是目的，而是实现教学目标的一种手段。通过评价，可以找出体育教学中的问题，并提出解决的方案，从而促进体育教学活动不断优化。因此体育教学评价的标准一定要契合被评价对象的整体水平，评价的标准过高，被评价者会由于无法达到目标而丧失信心；评价标准过低则容易使被评价者高估自身的能力而沾沾自喜、停滞不前。

2. 制定原则

（1）科学性原则。科学性原则主要体现在以下三个方面：①保证各个指标的标准要与体育教学目标保持一致性，要明确各项教学评价指标的意义指向；②评价的标准要体现新时期体育教学的理念，以及素质教育的相关要求；③根据教师教学和学生学习的自然规律来制定适宜的教学评价标准，对教师而言就是要根据体育教学规律制定与教师的教学评价相关标准，对于学生而言就是要根据学生的身体发育和心智发展规律来制定体育教学评价标准。总而言之就是要本着实事求是的精神，来确定各个指标所占的权重。

（2）可行性原则。可行性原则就是指评价标准不管是在内容上还是在形式上都要简单明了、便于理解和操作。另外评价指标的等级不宜过多，否则会给实际操作带来过多的工作量，使简单的工作复杂化，不符合可行性的要求。

（3）协调性原则。教学评价的协调性原则主要体现在四个方面：①教学评价的标准必须具有完整性，内部设置的结构要合理，具有分明的层次，各个层次和部分之间具有紧密的联系，而且在逻辑上具有一致性和协调性；②教学评价的标准必须在内容和形式上保持一致性和协调性；③在整个评价体系中，要注意前后标准的连贯性和协调一致性，不能朝令夕改，自相矛盾；④评价等级的间隔要保持协调一致，不能出现重复的类似的评价指标，也不要间隔的距离过大或过小或者时大时小。

第三章

高校体育信息化教学方法实践

第一节　微课在高校体育教学中的应用

目前，高校体育教学方式在科学技术迅猛发展的引领下发生着翻天覆地的变化。"在高校的体育课堂中，运用体育微课进行教学，结合课堂教学与科学技术的使用，展现出当代课堂教学的技术性和科学性，促进了当代体育教学的进步。"[①]作为新生事物，微课正逐渐成为一种新型的教学模式，它给高校的教学方式带来了更多的变革。

一、微课的基本认知

"微课"是一个缩写词，它的中文全称是"微型视频网络课程"。微课大约在20世纪末，才开始在世界各国流传并被学校应用。微课是一种全新的教学理念，发展十分迅速，深受学习者的喜爱。在微课教学中，人们运用的教学方式主要有两种：第一种是在线学习；第二种是移动学习。微课教学重难点突出，教学时间都比较简短，基本控制在10分钟以内，从而能够使学生高度集中注意力，使学生乐于接受这种学习的形式。

20世纪初，新加坡教育学家和学者开始深入研究和探讨"微课"，他们认为，

[①] 房辉. 刍议体育微课在高校体育教学中的运用[J]. 当代体育科技，2022，12（1）：61.

微课是一种利用先进的网络技术来辅助教学从而达到一定教学目标的微教学材料。在他们的研究结论中,微课的显著优势就是它把现代先进的信息技术手段和传统的教学材料相结合,从而使教学更加具有层次感,使教师的教学能够突出重难点,同时为学生的学习创设一种十分轻松的学习氛围。

(一)微课的显著特征

"作为信息技术与教育教学深度融合的有效途径,微课在资源建设理念、教师角色定位、课程应用实践以及专业化建设团队等方面体现出新的特点,对其的分析将有助于理清微课建设面临的机遇和挑战,及时提出应对的方法和策略。"[①] 微课是一种新的教学方式,因而和传统的教学方式相比,微课具有很多显著的特征,主要包括如下五个方面:

1. 多元真实

微课的多元特点主要是指微课的资源形式非常丰富,它不仅包括视频形式的微课资源,还包括微教案、微课件等教学资源,教学资源的形式是多样化的。和我国传统的课堂教学模式相比,微课这种多样化的教学资源可以提升学生的学习兴趣,使教师的教学更加精彩。在日常的教学实践中,无论是教师还是学生,他们在利用微课资源时都能够从中学习很多东西。

对于学生而言,他们在利用微课学习时,可以利用相应的微练习来对已经学习过的知识进行练习和巩固,也可以利用相应的微反馈来检查自己的学习效果,并查看错误题目的答案,巩固知识。这一学习过程可以提升学生的思维能力,使学生对自己的学习能力有更加清晰的认识。

对于教师而言,教师在制作微课的过程中也可以升华自身的教学技巧,这个锻炼过程有利于教师的专业发展。微课的真实性特点主要是指微课在设计时都会选择真实的场景,从而使教师把微课和传统课堂教学结合起来。具体分析而言,教师在选择微课的场景时通常都会选择和所学专业相关的场景,如教师通常会选择学校的体育馆等场所来录制体育教学中的微课视频,也会选择专业的化学实验

---

① 轩红芹.信息化时代微课建设特质的几点认识[J].中国大学教学,2020(6):82.

室等场所来录制化学教学相关的微课视频。

2. 主题明确

教师在教学实践中应用微课的主要目的是解决很多传统教学模式在课堂中无法解决的教学难题，例如，教学的知识点复杂且缺乏一定的逻辑性、教学的重点和难点不突出等。

一般情况下，教师在制作微课视频时，都已经有了明确的主题，一般教师制作的微课都是围绕着教学中的重点知识或者难点知识展开的，这样微课教学就能够有鲜明的主题，也能够易于学生理解，帮助学生理清学习思路，使学生轻松地掌握教学中的知识点。

3. 实践生动

由于微课开发的主体是广大一线教师，加之微课开发的本身就是以学校的教学资源、教师的教学与学生的学习为基础的，且越来越多的学校通过微课这种新的教学方式进行探索研究，挖掘本校的微课建设，因此，其本身就具有很强的实践性。

在实践过程中，需要注意微课的表达方式，生动活泼不仅体现在精美的画面、动听的音乐以及明确的主题上，还体现在精心设计的流程及相应的互动方式上。

4. 弹性便捷

传统教学模式中，课堂教学时间一般都是固定的，即每节课一般规定为45分钟。在微课教学中，微课视频的时间一般都比较短，只有5到10分钟，因而年龄比较小的学生在学习微课视频时也比较容易集中注意力，不容易分心，而且这些短小的视频也很容易激发学生的学习兴趣。此外，微课的资源易于下载和储存，学生只需要携带移动设备就可以随时随地开展学习活动，非常便捷，具有极大的灵活性。

5. 共享交流

在互联网时代，网络为人们的生活提供了很多便利，它的显著优点就是网络可以实现资源的共享。由于微课教学依托于先进的网络技术，因而微课还有一个显著的特点，那就是微课可以实现资源的共享。

微课还可以为教师和学生提供一个网络信息交流的平台，当教学结束之后，教师可以把相关的教学视频资料上传到网络上，供其他教师和学生学习借鉴。这也有利于教师之间切磋和学习，促进教师专业发展。

（二）微课的类型划分

按照不同的标准，微课可以有不同的分类方法，每种分类方法又可划分出不同的微课类型。

1. 按照用户与主要功能进行划分

（1）学生学习微课。学习微课的主要用户是学生，一般是通过录屏软件来录制的，将各学科知识点的讲解录制下来，每个知识点大概在10分钟。这样学生可以根据自己的学习情况，选择自己需要的微课视频来学习。这类微课是翻转课堂教学的重要组成部分，是微课建设的主流方向。

（2）教师发展微课。发展微课的主要用户是教师，这种微课包含的主要内容是教学理念、教学方法、教学评价机制等，主要是对教师的教学技能进行培训，也是教师设计教学任务的模板。教师发展微课用于教育研究活动、学校教师培训、教师网络研修等，可以提升教师的教育教学能力，改善教师的工作方式，促进教师的专业发展。

2. 按照教学目的的方向进行划分

（1）讲述型微课。讲述型微课是一种通过口头传输的方式来教学的微课类型，教师在课堂上主要对重点和难点知识进行讲述。

（2）解题型微课。解题型微课是对一些典型例题进行解析并对其中的知识点进行教学。

（3）答疑型微课。答疑型微课是通过对学科中存在的一些疑点进行分析，引导学生得到答案。

（4）实验型微课。实验型微课对自然学科比较适用，例如生物、化学、物理等学科，可以通过实验步骤来学习其中的知识。

3. 按照微课录制的方式进行划分

（1）摄制型微课。摄制型微课是通过电子设备如录像机、摄像机等来录制课件的方式，可以将课堂上教师讲解的知识摄制下来，形成教学视频。

（2）录屏型微课。录屏型微课是通过使用录屏软件来录制微课视频的一种方式，如可以使用PPT、Word、画图工具等软件将教学内容整理出来，然后在计算机上讲解，在讲解的同时使用计算机上的录屏设备进行录制，可以将声音、文字、图画等内容收录进来，经过进一步制作之后形成微课视频。

（3）软件合成式微课。软件合成式微课是指事先制作好教学视频和图画，然后根据微课的设计脚本，导入不同的内容，通过重组形成一个完整且系统的微课视频。

（4）混合式微课。混合式微课包含上述类型，即将之混合使用就成了混合式微课。

二、微课在体育教学中的应用价值

（一）有利于体育教学模式的改革

对高校教育来说，微课是一项十分宝贵的教学资源，同时它也为高校的教育教学改革奠定了重要的基础。微课的价值和意义是深远的，它不仅会对学生产生很大的影响，还会对教师产生很大的影响，同时微课还有利于教师的专业发展。在我国实施的教学改革中，微课也是重要的组成部分。

目前，随着信息技术的快速发展，已经有各级各类高校开始尝试在线教育，在线教育成了高校教育重要的补充方式。

（二）有利于体育教师的专业发展

在体育教学中开展微课教学则可以使教师扩大自己的交际圈，体育教师可以学习很多其他优秀体育教师的教学经验，反思自己的教学过程、方法等，从而改进自身的教学。微课资源的制作者就是辛勤的教师，这些微课包含教师的教学思路和智慧，因而在教师实践中，不同的教师在交流和探讨微课资源时也是在学习和借鉴其他教师的智慧。这种交流和沟通有利于体育教师的专业发展。

（三）有利于校外教育形式的改变

随着越来越多的人熟悉和应用微课，目前我国有不少的在线教育企业尝试把微课应用到在线教育实践中，从而体现出微课的商业价值。在在线教育中，微课的应用非常广泛，并取得了显著的教学效果，如中学生和小学生的课外辅导以及社会人员专业技能学习等方面。

随着信息技术的快速发展，我国涌现出了很多开展在线教育的机构线上教育模式能够为学习者营造良好的学习氛围，节约学习者的时间，提升学习者的学习效率。

（四）有利于明确体育教学的内容

微课教学通常针对的是课堂教学中的重难点内容，学生经过微课学习之后，能够对重点知识系统地把握，也能够对学习中的难点有一定的了解，从而积极寻求教师的帮助。体育教学利用微课程开展教学，能够在很大程度上提升课堂教学的针对性，这样一来，由于前期学生已经自主学习了相关的内容，教师在开展课堂教学时会更加顺利。与此同时，教师还可以根据学生的学习情况进行一定的补充与延伸，不断增强学生的体育学习效果，促进体育教学水平的提升。

体育教师在对微课内容进行设计时，不仅需要根据高校的教学要求，还要充分考虑学生的学习需求，不断优化教学计划与知识结构，以促进体育教学目标的顺利达成。

除此以外，由于微课教学充分利用了多媒体的优势，将文字、图片、音频、视频等资源有机地整合在一起，使体育教学内容更加直观、形象、生动，营造了良好的学习氛围，有助于增强学生对知识的理解与记忆。

（五）有利于激发大学生的积极性

微课是一种新兴的教学形式，对于大学生来说，具有非常强的吸引力。将微课应用于高校体育教学，能够为学生提供一种崭新的学习平台，增加学生之间的互动交流，使学生的学习更加高效便捷，从而最大限度地激发学生的学习主动性与积极性。在体育微课教学中，教学视频是最主要的教学载体，教师围绕教学内容，选择合适的素材，制作教学课件，设计教学环节，并辅之以必要的教学反思、教学点评、测试考核等，从而构成涵盖诸多内容的体育教学微课程，这样的体育教学具有内容充实、结构紧凑等诸多优势，能够极大地激发学生的学习积极性，从而促进体育教学质量的不断提升。

除此之外，教师在运用微课的时候，还可以充分利用网络平台设置各种各样的互动活动，增加师生之间以及学生之间的交流，营造良好的教学氛围，建立和谐的师生关系，使学生在轻松、和谐的环境中开展各种学习活动。教师也可以在与学生的交流互动中了解学生的体育学习情况，在此基础上对自己的教学计划与教学内容进行调整，以促进体育教学质量的提升。由此可见，微课应用于学校体育教学，不仅是必要的，而且是非常重要的。

三、微课在体育教学中的应用条件

（一）先进的教学理念

随着信息技术的快速发展，教育信息化的思想和理念被越来越多的人了解和接纳。在此基础之上，教育部推出了相关的教育发展规划，指导我国教育在教育信息化背景下的发展。

微课这种创新教学理念就是在这样的大环境下诞生的，并被人们接受。随着现代信息技术的迅猛发展，网络开始在人们的日常生活和工作中普及，并改变着人们的生活和工作方式。计算机网络具有显著的优势，它能够使世界各地不同种族的人们之间的交流变得更加容易，使人们的交流和沟通可以突破时间以及空间的限制等，人们可以利用零碎的时间开展日常学习。在计算机网络的帮助下涌现了很多利用网络的在线教育模式，如远程教育、虚拟教学等，这些先进的教学模式和传统教学模式有较大的差异，能够使学生的学习模式变得更加多样化，同时满足学生的个性化学习需求。

在教育信息化的时代背景下，教师的角色和任务也相应地发生了一些转变。在传统的教学模式中，教师的主要任务是向学生传授一定的科学知识，而在教育信息化的教学中，教师的任务不仅是向学生传授科学知识，还要负责组织、协调以及评价学生学习活动，这也对教师提出了更高的要求。当前，传统的教学模式已经无法满足大多数学生的个性化学习需求，微课的出现弥补了这一不足，有利于学生个性化学习，提升自主学习能力。

人们之所以选择把微课视频应用到碎片化以及移动化的学习中主要原因在于

微课通常都比较短小、重点内容突出，这样人们就可以充分利用课余时间或者零碎时间来学习某个主题的知识点。

（二）优秀的自学能力

在微课教学中，学生必须具备较强的自学能力才能顺利地完成教师提前布置的学习任务，这就要求每个学生不断提升自身的自学能力。对于学生而言，其自学能力的提升和很多因素有关，学生不仅要端正学习态度，还要加强自身专注力的训练，提升自制力，积极地排除消极因素的影响。

在微课教学中，教师可以从三个方面培养学生的自学能力：第一，教师要在教学中采用多样化的措施提升学生的学习兴趣，学生只有对学习充满了浓厚的兴趣才愿意投入学习；第二，教师在教学中要多多鼓励学生，要多给予学生一些积极的评价，从而使每个学生都能够对自己充满信心，自信心对于学生而言非常重要，它能够让学生不断认可自我，成为学生不断进步的动力；第三，体育教师要和学生建立一种融洽、和谐的师生关系，这样在微课教学中，教师和学生是处于一种平等的地位，学生也能够在愉快的学习环境中学习体育知识，锻炼各项技能。

总之，教师应该在潜移默化中培养学生的自学能力，为微课的教学做好准备。

（三）成熟的信息技术

随着计算机网络的快速发展，信息化已经深入人们生活的各个角落。人们无论走在什么地方，如超市、学校以及火车站等都能够自如地使用移动网络，人们可以随时利用网络开展学习和娱乐活动。网络的这种便捷特征使移动化的学习成为可能，这也是移动化学习、碎片化学习开展的基础条件。

在现代信息技术的辅助下，人们的生活和工作都发生了巨大的变化，同样现代信息技术也在改变着学校的教学方式。目前我国各级各类学校都在探索把现代信息技术应用到学校的学科教学中，并取得了一定的成就。

随着全球经济一体化的不断深入，中国与世界各国之间的联系变得越来越密切，这也对我国的人才培养提出了较高的要求。我国要不断培养高素质、具有较强综合实力的毕业生，才能满足社会对人才的实际需求。因而我国的学校尤其是高等院校需要不断调整和完善学生的培养模式，更新教育理念以及教学方式，培养出能够满足社会需求的人才。在这种时代背景下，如何把先进的现代信息技术应用到学科教学中是每个教师都应该考虑的问题。

目前在我国大多数高校中，都会要求学生在大一就开始学习计算机基础这门课程，并把这门课程列为大一新生的必修课。由此可见，我国非常重视让学生掌握一定的信息技术，从而提升学生的综合素质。

众所周知，教师开展微课教学的核心就是利用微课视频开展教学，这离不开现代信息技术的辅助。当前，我国很多高等院校都已经配备了多媒体教室，这些硬件设施为微课教学的开展提供了有力的设备保障。

除此之外，学生一般都拥有手机、电脑等设备，他们在很多场所都可以使用移动开展学习，如学校的自习室或者咖啡厅等，这也是一种自主学习的方式。

四、微课在体育教学中的应用要点

（一）科学整合微课教学内容

学校体育教学涉及的内容非常多，包括体育理论、心理健康、球类运动、田径运动等，因此教学的任务比较繁重，课程的时间安排上也非常紧凑。虽然体育教学内容多，但是并非所有的内容都适合采用微课的形式来进行。所以，教师必须对教材进行深入研究，对教学内容进行优化与整合。

以足球基本技术的教学为例，教师可将此内容整合为四个具体的项目，即基本特点、基本技术、基本战术和基本规则。这四个项目又各自可以划分为三个更具体的层次，即基础内容、提高内容和拓展内容。基础内容包括运球（脚内侧、正脚背、外脚背）、运球过人、踢球（脚内侧、正脚背）、脚内侧接球、掷界外球、守门员接球。提高内容包括无球技术、大腿接球和胸部接球、头顶球、抢球技术的综合运用、守门员发球。拓展内容包括组织以阳光健身、快乐足球为主题的班级五人制足球对抗赛。

经过整合的教学内容非常清晰，为微课的制作奠定了良好的基础。此外，学生也可以从整合的内容中选择适合自己的内容进行学习，从而满足学生的多元化学习需求。

（二）准确把握微课设计要点

（1）凸显课程属性。由于微课是一种新兴的教学形式，因此很多体育教师对其了解得并不全面，认为利用微课开展体育教学，只要照搬一些其他课程的微课模式就可以了，殊不知，这样的体育微课很难体现出体育这门课程的特色，也会对体育教学的质量造成不良的影响。所以，体育教师在制作体育微课的时候，需要以"健康第一"的理念作为指导思想，在微课中凸显体育这门学科的特色，使知识、技能的传授同学生的身体锻炼和人格培养紧密结合在一起，不断提升学生的学习、生活质量。

（2）简短有趣。微课的时长通常在 5～10 分钟，这主要是为了更好地吸引学生的注意力。体育微课的设计也应当将时间控制在合理的范围内，为学生设置简短有趣的学习内容，营造宽松的学习氛围，使学生能够全身心地投入体育学习，培养良好的学习习惯。

（3）创新性。学生是一个思想比较活跃的群体，好奇心强，喜欢接触新事物，因此微课的制作应当迎合学生的这些特点，体现出创新性。具体来说，应当注意两个方面：一是微课的内容要具有时代性，贴近学生的生活实际，并且根据具体情况随时进行更新；二是微课的画面内容的呈现形式要新颖，以吸引学生的注意力，如将动作分解融入有趣的小故事中，强化学生的理解与记忆。

（4）系统性。体育课程设计的内容非常多，导致体育微课的制作很容易陷入碎片化的困境，这样就很难对学生的知识学习起到良好的辅助作用。所以，教师在制作体育微课的时候，要对教材的主线给予特别关注，强调知识点组合的系统性。

（5）实用性。体育教学除了理论知识的教学之外，还包括技能的教学，而且技能教学占据主要的地位。因此体育微课的设计应当尽量做到通俗易懂、实用易学，与此同时，还要紧紧围绕体育技能的核心要素，突出学习重点，并且便于学生自我检测。

第二节　慕课在高校体育教学中的应用

一、慕课的基本认知

（一）慕课与传统课堂的差异

慕课（Massive Open Online Courses，MOOC）即大规模开放在线课程，是"互联网＋教育"的产物，可以根据以下四个单词的组合意义来理解慕课的内涵。

大规模（Massive）：慕课中主要强调的是在这一平台上注册学习的人很多，同时也强调了注册人数不受限制。

开放（Open）：主要强调的是这一平台没有针对性，它面对的是全世界任何一个想要学习的人，同时提出了慕课这一平台对学习者没有任何要求，只要想学习就可以在平台上注册学习。

在线（Online）：主要强调的是利用计算机网络进行学习的一种方式，强调这一平台的网络性和在线性，学习者可以根据自己的时间灵活安排学习。

课程（Course）：主要强调的是一种课程学习资源，慕课整合多种社交网络工具和多种形式的数字化资源，形成多元化的学习工具和丰富的课程资源。

慕课虽然也是一种网络在线课程，但是它与传统的网络课堂还存在一些比较明显的差异，主要体现在以下方面：

（1）慕课的教学目标与课程计划都是非常明确的。通常慕课开始之前，教师会对课程的基本情况进行简单介绍，包括具体的课程要求、教学进度安排以及学生需要达到的水平等；此外，学生也需要在上课之前注册一个专属账号，仔细阅读课程的相关介绍，这样才能够保障教学活动的正常开展。

（2）慕课中的教学视频不是对课堂教学与会议进行的录制，而是专门针对慕课教学而制作的视频。

（3）慕课的教学视频有一个非常突出的特点，就是由多个10分钟左右的小视频构成，这主要是考虑学生注意力的特点。每一个小视频都非常简短精练，而且都重点讲解了一项学习内容，可以有效地吸引学生的注意力，促进学生学习效率的提升。

（4）微课的教学视频中设置了回顾性测试环节，学生只有成功完成测试才能观看之后的视频，否则就要重新观看学习前面的内容。这样能够有效地提升学生的注意力，使学生在观看视频时更加用心。

（5）慕课针对学生的学习需求设置了专门的作业提交区与学习交流区。学生在开展慕课学习的时候，除了要完成教学视频的学习之外，还要完成教师预先布置好的作业，并且及时提交。除此之外，学生还需要参与到学习交流与讨论中，也可以提出自己的问题，通过与教师交流来解决问题。慕课还有一个优势，就是会组织一定的线下见面会，这样一来，学习同一课程的学生除了共同在线上开展学习交流之外，还可以在线下进行讨论、交流和学习。

（二）慕课的主要特征

慕课是信息技术迅速发展的产物，它在形成与发展过程中形成了独有的特征。

1. 大规模性特征

慕课是大规模的在线课程。因此，大规模性是慕课的主要特征。众所周知，传统教学是有人数限制的，而慕课教学并没有人数限制，同一课堂上学习的人数可以达到数百万。

随着信息技术的发展，信息技术在教育教学中得到广泛的应用。教育信息化是教育发展的主要方向。而慕课作为不限制课堂学习人数的信息化平台，在教育教学领域日益受到重视。慕课是信息化时代的产物，慕课为世界各地的学习者提供了信息化学习平台。在这一平台上，有来自世界各地数百万的学习者在同一课堂进行学习，体现了慕课的大规模性，这也是其他信息化平台无法比拟的。

2. 开放性特征

慕课作为大规模开放式在线课程，具有开放性的特征。关于慕课的开放性，可以从以下方面对其进行分析：

（1）教育教学理念的开放性。慕课平台注重平等性和民主性。同时，慕课平台上的课程资源是面向世界各地、各族人民的，没有任何人群的限制。除此之外，慕课平台提倡，只要想学习的人都可以在平台上进行注册学习，学习慕课平台上的各种资源。

（2）教学内容的开放性。慕课平台上蕴含着大量的网络在线资源，且这些资源是开放性的，没有时间和空间的限制。

（3）教育教学过程的开放性。讲授者与学习者的上课、交流、测试、评价等都是在慕课平台上进行的，教育教学过程是开放的。

可见，慕课有着优质的教育资源，同时将这些优质教育资源上传到慕课平台上，真正实现了资源的全球共享。慕课的开放性有利于促进教育国际化的发展，有利于实现全球资源共享，也有利于世界各地学习者树立终身学习的观念，更有利于缩短教育公平化的进程。

3. 技术性特征

技术性也是慕课的主要特征。慕课是信息技术高速发展的产物，与其他的网络公开课程不同，慕课并不是教材内容到网络内容的简单搬移，而是充分利用信息技术优势，实现讲授者和学习者之间的在线交流与互动。实际上，慕课是将整个教学过程从线下搬到了线上，真正实现了在线课程教学。

慕课不仅充分利用了信息技术，还将云计算平台融入其中，这样不仅丰富了课程资源，还促进了海量课程资源的全球共享。另外，慕课还融入了大数据技术，在一定程度上促进了个性化教学的发展。除此之外，慕课平台中的各个网站也是精心设计的，这些精美的网站设计不仅有利于提高学生学习的热情，还有利于提高学生的学习效率。

4. 自主性特征

自主性是一个内涵十分丰富的概念，不同的学者对其的理解也不同。下面选取比较有代表性的观点进行具体分析。基于关联主义的慕课推崇者对慕课的自主性特征发表了自己的看法。具体而言，主要包括以下方面：

（1）自主性强调的是学习者在慕课学习过程中自己设计目标，不强调事先目标的设定。

（2）慕课学习中主题是明确的，可以供学习者参考。学习者通过慕课平台学习的时间、学习的地点学习的方式都是不确定的，也就是说学习者可以自己决定学习的时间和地点，也可以自己决定学习的方式。

（3）除了需要获取学分的学习者以外，其他学习者的课程考核方式都不是正式的。学习者对自己在慕课平台上学习的预期和效果可以自行评判，并没有固定的、专门的或正式的考核方式。

由此可见，基于关联主义的慕课推崇者强调慕课学习是学习者自己学习的过程，并在学习过程中自行监督和调控。

学习者结合慕课学习资源，根据自己的实际学习情况，选择合适的时间、地点对慕课平台上的资源进行学习。同时，学习者有针对性地与他人讨论和交流，从而通过学习慕课资源来满足自己的学习需求。还需要指出的是，慕课与翻转课堂相融合，有利于慕课作用的发挥，也有利于提高学习者的自主性和主动性，从而不断提高学习者的学习水平。

5. 优质性特征

与其他信息化平台相比，慕课具有优质性的特征。众所周知，慕课涉及很多课程，无论是世界慕课平台课程还是当前比较流行的"好大学在线"课程，都拥有高质量的信息资源和学习资源。因为，这些慕课平台上的课程资源都是世界各学校通过专门的技术团队进行合作开发、筛选、编辑、加工、整理、审核之后上传。这些慕课资源不仅有代表性，还具有高质量性，都为慕课课程资源的优质性奠定了基础。总之，慕课是一种集代表性、典型性、高质量性、优质性于一体的学习方式，为世界各地的学习者提供了大量的优质教育资源。

6. 非结构性特征

慕课在内容安排上也独具特色。具体而言，慕课中涉及的内容都是一些碎片化的知识。这些碎片化的知识经过专业领域教育者的组合形成了形式多样的内容。这些内容也是比较灵活的，可以根据需要随时进行扩充。各个领域不同的教育者对不同学科知识进行处理和集合，从而形成了内容集合。这个内容集合是慕课特有的，里面的知识可以进行重组，并利用慕课平台使这些知识彼此关联。

另外，慕课课程标准的设立，有利于提高课程质量，也有利于提高学习者的学习水平。

7. 以学为本特征

以学为本并不是慕课的表征特征，而是通过对慕课的系统分析、挖掘、归纳、总结出来的一种核心特征。以学为本强调的是以学生的学习为中心，也就是慕课上的信息和资源都要以学生为中心，为学生的学习提供丰富的资源。慕课集信息技术、云计算技术、大数据技术等计算机网络技术于一体，为世界各地想要学习的人提供了丰富的资源，打破了传统教学模式的时空限制，有利于世界各地的学习者根据自己的实际学习情况和需要，随时随地进行学习，从而获得自己想要学习的知识。

总之，慕课是一种信息化的教学模式，它不受课堂人数、时间和空间的限制，学生在慕课平台上学习具有很大的自由性，有利于调动学生学习的积极性。

二、体育教学中慕课的应用优势

（一）促进体育教育的公平性

"现阶段，慕课作为高校授课的主要形式，在教学过程中起到补充和辅助的作用。"[1] 在体育慕课教学模式中，世界范围内的学习者都可以根据自己的学习情况自主选择学习时间和地点。同时，慕课在高校体育教学中的应用，突破了地域及经济差异，丰富了教学资源，扩大了学习者的数量，从而使不同地域、不同职业、不同年龄、不同学历的学习者都可以自主学习。可以说，慕课这种开放性的学习模式，为想要学习的学习者提供了学习的平台。

另外，学习者也可以根据自己的兴趣、特长等进行体育精品课程学习。在学习体育课程过程中，学生如果遇到了问题，可以借助慕课平台与教师、同伴进行交流和互动，从而主动地构建知识，改变被动接受知识的局面。在慕课体育教学模式的影响下，教师不再是主导者，学习者成为学习的主体。同时教师和学生形成了一种平等、和谐的师生关系。慕课体育教学模式为学生提供了公平的学习机会和受教育机会，有利于促进体育教育的公平性。

（二）推动终身体育学习理念

慕课在体育教学中发挥着至关重要的作用，也是现代体育教学发展的重要方向。随着慕课的发展以及体育教学改革的不断推进，慕课对体育教学的影响也越

---

[1] 许颖珊. 由高校体育慕课引发的教学模式思考[J]. 拳击与格斗，2021（4）：7.

来越大，慕课也将会不断应用于体育技能教学、体育技能训练、体育培训、体育实践等多个方面。同时，慕课融多种学科于一体，学习者可以根据自己的学习情况和学习需要，自主学习、自主监督、自主调控，并不断与教师和其他有相同兴趣、特长的学习者进行交流和互动，从而不断学习、不断提高，进而促进终身体育意识的形成。

体育慕课教学模式蕴含着丰富的开放式教育资源，有利于学生随时随地进行学习，有利于优化学生获取知识的途径。慕课课程资源具有优质性的特点，这些优质的课程资源有利于吸引更多的学习者来平台注册学习。

（三）优化整合体育教学资源

传统的体育教学模式教学资源单一，已经不能适应现代体育教学的发展。将慕课融入体育教学，有利于教学资源的丰富和优化。基于慕课的体育教学模式不会固守体育教学风格和专业设置，而是充分利用信息技术和网络技术，集多人、多校优质教学资源于一体。同时，慕课平台上的教学资源在内容上具有开放性、在管理上具有智能性。基于慕课的体育教育模式弥补了传统体育教学模式的不足，在体育教学中发挥着重要的作用。

（四）缓解体育教学师资压力

随着高校的不断扩招，学生人数不断增加，教师教学任务也在不断增加，体育师资已无法满足当前学校体育教学的需求。体育教师面临着繁重的教学压力，同时体育师资力量不足的问题日益凸显。

慕课应用于体育教学中，能够有效解决体育师资力量不足的问题，也能够缓解体育教师的教学压力。教师可以通过慕课平台上的相关数据了解学生的学习情况以及教学质量和教学效果，也可以借助慕课平台获得反馈信息，这样教师可以有更多的精力进行教学设计、方案规划、活动组织、课后辅导等。

慕课平台主要以信息技术和网络技术为载体，它集多种开放性、优质性教学资源于一体。基于慕课的体育教学打破了传统教学的时空限制，不需要硬件投入。世界范围内的学习者可以根据自己的兴趣和爱好来选择资源和内容进行学习。同时慕课平台上的教学资源也可以无限制地被学习者使用和学习，这样不仅提高了体育课程资源的利用率,还降低了体育课程资源开发的成本。由此可见,慕课融入体育教学,能够在很大程度上节约体育教育成本。

(五)培养大学生的自主意识

随着信息技术的发展,体育慕课教学模式可以有效解决传统教学模式中存在的各种问题,具体如下:

第一,体育慕课教学模式有利于学生形成清晰的动作概念。体育慕课教学模式可以将一些连贯的、复杂的动作制作成短视频,并通过图片、文字、声音、图像等方式将这些连贯的、复杂的动作呈现出来,这样学生可以通过短视频更加直观地学习这些复杂的动作。具体而言,学生可以根据自己的实际学习情况,自己控制观看短视频的进度,遇到某一难理解的动作时,学生可以利用短视频的暂停、回放等功能来对这些动作进行回看,这样有利于学生正确理解动作要领,有利于全面地学习和掌握体育运动动作。

第二,体育慕课教学模式有利于学生一对一在线学习。慕课的主要特征之一就是大规模性,同一课堂上学习的人数可达到数百万。但体育慕课教学模式强调在线学习,这些人都是在慕课平台上进行在线学习。而实际上,这种在线学习很大程度上是一对一学习,这样有利于学生的自主学习,有利于弥补大班授课的不足,有利于教师对学生的学习进行监督和管理。

第三,体育慕课教学模式打破了传统教学模式的时空限制。体育慕课教学模式不受时间和空间的限制,也不受光线、天气等其他因素的制约,学生可以随时随地进行学习。

由此可见,传统体育教学模式容易受外在环境的影响和制约,这在很大程度上影响了体育教学质量和效率的提高。而体育慕课教学模式避免了这些外在环境因素的影响,有利于提升体育教学的质量和效率。

三、体育教学中慕课的应用策略

(一)转变体育教学模式

(1)由单一办学主体向国际化联盟式办学主体转变。传统学校办学模式比较单一，绝大多数都是单一办学主体进行办学。而随着慕课在学校教育教学中的应用，学校办学模式也逐渐向多个学校联盟办学的模式转变。

慕课是信息化时代的产物，它突破了传统教学模式的束缚。尤其是众多慕课平台的出现，并不是单一学校独自开发的结果，而是多个学校多个优秀教育专家联合开发和建设的结果。可见，传统的单一办学模式并不能适应当今信息化时代的发展，如果学校不及时转变办学观念，就会被时代所淘汰，也不利于国际化人才的培养。因此，学校应该意识到慕课平台建设需要国际化视野，并在具体实践中，充分吸收世界各国的优秀办学经验，将办学视野扩大到国际范围，从而实现国际化联盟式办学。

（2）由个体学习模式向团队学习与个性学习相结合模式转变。在传统体育教学中，学生的学习模式是被动的、单一化的，不利于学生团队学习，也不利于学生个性化发展。要想改变传统的个体化学习模式，学校应该将慕课应用于教学中，充分发挥慕课教学的优势，创新教学方法和策略，开发丰富的学习资源，提倡学生间、师生间、群体间、国家间的大规模集成化学习。同时，学校还应该采取多种手段和策略来鼓励和引导学生发展个性，从而真正实现学习模式的团队学习和个体化学习。

（二）加大慕课宣传力度

慕课的宣传方法主要有通过网络平台、学校平台、教师等进行宣传。除此之外，慕课平台还应该借助自我营销的方式，吸引更多的人注册慕课进行学习。

在加大慕课宣传力度的同时，还应该注重慕课中优质资源的共享，从而使世界上更多的人能够根据自己的特长、兴趣，科学选择适合自己的课程，以满足自己的学习需求。

总之，加大宣传力度有利于更多的人了解慕课、使用慕课，有利于促进优质资源共享，促进教育的国际化发展，实现教育的公平性。

（三）制作优质特色课程

在体育慕课教学中，学校要注重顶尖团队的培养，从多个层面打造体育核心课程，并充分利用慕课平台实现体育资源的全球共享，从而吸引更多的学习者进行体育特色课程和优质课程的学习。

除此之外，学校还要注重体育非核心课程建设。这是当今时代一专多能人才培养的要求。因此，学校应该充分利用慕课这一信息化平台，将世界上优质的体育课程资源融入本校慕课平台中，这样有利于拓展学生学习的范围，有利于激发学生学习的兴趣，提高学生的自主学习能力，从而为一专多能人才的培养奠定基础。

（四）丰富慕课课程资源

学校在进行慕课资源开发时不仅要积极引入高质量资源，更要重视教师在资源开发中的作用，教师要与时俱进，把慕课教学模式引入体育课堂，以提高教学效率。

教师可以将慕课与体育灵活地结合起来，这样慕课就能以一个新的、学生更能接受的形式参与到体育课堂中来，调动学生学习的积极性。慕课内容的载体是视频，要求体育教师在具备扎实的专业知识之外，还需要具备一定的信息技术能力，能够制作短视频。慕课视频要建立一套完整的制作、审核、评价机制，从而制作出优质的视频资源。

同时，学校实施慕课教学也是为了满足个性化教学的需求。因此，在制作慕课视频时，教师要充分考虑到学生需求，打造出可以满足不同学习者需求的多层次慕课课程，形成具有自己特色的慕课教学资源。

（五）开发体育精品课程

（1）学校、教师、学生等要多方宣传与推广体育类国家精品开放课程，从而发挥精品课程的最大价值。

（2）完善体育类国家精品资源共享课中体育专业课程的建设。当前，只有少数的体育课程建设了精品课程，一些体育与其他学科结合的课程还没有建设完善。各个学校还要对慕课与传统体育结合的课程加强建设，多申报一些精品课程建设项目，从而不断完善体育专业课中的精品课程资源。

（3）改善体育类国家精品开放课的视频内容，加强课程视频的后期制作。例如，对知识点进行展示，并且加入动作示范画面；在视频上还可以将重点内容进行着重提示，使学习者在遇到重点时可以集中注意力学习。

（4）开发体育类国家精品开放课程平台的多元化功能。体育类国家精品课程平台还有一些需要调整的地方，在平台上可以增加一些答疑解惑的版面和师生交流的模块。这样可以使学生在遇到不懂的问题时及时向教师咨询，并且学生之间也可以就视频观看的理解进行探讨。另外，精品课程平台的开发者还需要设置一个建议功能模块，让使用这个平台的人把好的建议提交上去，从而使平台不断完善。

（六）改革慕课教学手段

由于慕课是开放性很强的一种教学方式，因此慕课教学也有着比较多的选择性。慕课平台在网络上不受国界的限制，因此，它可以很好地将课程共享给世界各地的人，世界各地的人也可以将慕课视频上传到慕课平台，使得慕课平台上的课程资源更加丰富。教师可以从慕课平台上找到同一个知识点的很多个慕课视频，择优分享给学生。

教学方法对教学效果的影响非常大。为了保证教学效果，体育教师可以适当调整教学方法。教学方法使用恰当，可以充分激发学生的学习兴趣，调动学生学习的积极性和主动性，从而使学生更好地将知识内化。慕课教学模式就是很好的一种教学方式，学校体育教学可以充分借鉴这种教学模式，提高体育教学的效果。

第三节　翻转课堂与混合式教学的应用

一、翻转课堂教学及其应用

翻转课堂也可以叫作颠倒课堂、反转课堂。这里所说的"反转"主要是针对传统课堂教学而言的。翻转课堂是教育界普遍接受的概念。不管是在国外还是国内，翻转课堂的定义始终在发生变化，不断完善，这也体现出教育教学研究者对翻转课堂研究的日渐深入。虽然人们对翻转课堂的概念还没有完全统一的界定，但是对翻转课堂内涵的分析研究从未停止。

（1）翻转课堂就是一种教学形态，由教师创作教学视频，学生自己在课下观看视频，再在课上与教师进行交流，并完成教师布置的作业。此前，对于翻转课堂的表述大多基于其基本做法，比如学生晚上在家观看教学视频，第二天在教室完成作业，如果有问题就与同学讨论或者向教师求助。这种对翻转课堂的定义，主要是将翻转课堂教学与传统课堂教学相对比，突出其特征，帮助人们认识这一教学形式。

（2）翻转课堂是学生利用课前时间借助教师给出的教学资源自主完成课程的学习，然后再在课中与教师进行互动，一起阐释问题、探究问题，并且完成作业练习的一种教学模式。

（3）翻转学习改变了直接教学的空间，即由群体空间转向了个体空间，使群体学习空间变得更具动态性与交互性，从而促进学生在学习过程中充分发挥自身的创造性与主动性，积极参与学科学习。

上述三个关于翻转课堂的界定各有侧重，这些界定对翻转课堂内涵的描述主要着重于翻转的形式，说明我国翻转课堂的研究和实践主要还是聚焦于形式上，对翻转课堂的本质有待深入。

综上所述，可以将翻转课堂的内涵界定为：将原来需要在课堂上完成的知识传授提前到课前，再将原来需要在课后完成的知识内化放到课堂中完成。至于翻转课堂的教学资源、教学信息技术以及具体的教学组织方式等，都不属于翻转课堂的要求，它们都是在翻转课堂实践发展的过程中延伸、演化出来的。翻转课堂的本质是赋予学习者更多的自由，将传授知识的环节放在课前，是为了让学生自由选择适当的、舒适的学习方式；而将内化知识的环节放在课中，是为了让学生更多地、更有效地与教师及其他同学进行交流。

（一）翻转课堂教学的兴起

1. 信息技术的推动

第三次科技革命推动了信息技术的发展。信息技术的变革辐射人类社会的方方面面，其影响力巨大且深远，教育作为人类社会中的重要领域自然也会受到信息技术变革的影响。

在信息化时代背景下，人们不得不重新审视传统教育教学制度，重新设计教学模式，从而让现代信息技术在教育领域发挥重要作用。因此，现代教育的目标也发生了一定的改变与扩充，即要求学生能够具备获取信息、分析信息、处理信息、加工信息的能力，具备较好的信息素养。

信息技术在教育领域的渗透会极大地推动教育教学的变革进程，会在一定程度上改变教师的教学模式与学生的学习方式，这是一种必然的趋势。因此，我们必须及时更新教育理念，对现代教育技术予以足够的重视，积极地探索信息技术在教育领域的价值，充分利用信息技术的优势发展教育教学事业。

2. 社会需求的推动

现代社会发展节奏快，要求人们能够快速地接受、理解新鲜事物，具备较强的学习能力，拥有较强的求知欲。在飞速发展的社会中，如果不能持续地学习、不断地完善自己，就很难适应时代的变化。因此，人们应该顺应时代、紧跟时代，保持求知欲望，不断在新的时代背景下反思自己的生活。

在未来社会，高层次人才除了要具备专业的知识技能之外，还需具备一定的学习能力、创新能力和自我个性。这就要求现代教育关注社会的需求与人才的培养，努力培养出满足现代社会需求的优秀人才。

3. 教育现实的推动

教育形式的发展可以从学徒制说起，在工业革命出现之前人们大多以学徒制的形式开展所谓的教育活动。学徒制主要采用现场教学，教学场景基本是真实的工作环境，教学对象往往具有个别性，大多发生在代际间，教学方式就是师傅口述、示范，然后学徒在师傅的指导下进行实践，学徒制教学模式下培养出了许多技艺高超的手艺人。

后来随着工业革命的兴起，工厂日渐规模化，社会对于劳动力的需求增加，同时对劳动力的知识技能要求也有所提高。也就是说，人们迫切需要普及推广教育，扩大教育规模，提升教学效率，从而在短时间内获得更多的能够满足社会需求的劳动力。显然，学徒制不再符合时代发展的要求，于是班级授课制就产生了。班级授课制是以班级作为教学单位开展教学活动的形式，通常，教师都会根据设置好的课程时间表向学生讲授知识，这些知识往往也是统一的。班级授课制满足了工业革命的需求，其原因在于它具备不同以往教育形式的特点与优势，而这些优势实际上一直在教育领域发挥着重要作用。

具体来看，班级授课制的特点主要有三点：①班级授课制具有系统性，它能在规定的教学时间内让学生学到大量的知识，并且这些知识不是零散的，而是具有一定的系统性，便于学生建立知识体系；②班级授课制采用"一对多"的教学模式，一个教师可以向多个学生授课，与学徒制相比，其教学效率得到了极大的提高；③班级授课制以"课"为标准，设置好的"课"决定着教师的教学进程与学生的学习要求，因此教师在进行教学管理时也只需以"课"为中心，统一学生的学习步调，相对较为高效。班级授课制符合工业革命在短期内需要大量人才的要求，其系统性、高效性是促进这一教育形式发展的重要优势。

随着计算机技术与信息技术的普及，人类社会再次有了突飞猛进的发展，信息化时代悄然降临。现代信息社会对人才的要求不断提高，要求人才具备一定的信息技术技能，还要具有应急处理能力，最好还要具有一定的创新思维，勇于自主学习，具有探索精神，等等。与工业革命时期相比，信息革命再一次提高了对教育的要求。于是班级授课制的不足也显现了出来，人们必须开始探索新的教育形式。不管是工业革命还是信息革命，人们的思维观念都在这一次次的革命中受到了冲击，新的时代环境要求人们做出新的改变，终身教育与自主学习成为人们推崇的新理念。终身教育要求人们终身学习，始终保持学习的热情；自主学习要求人们根据自己的需求和时代的发展，主动地、积极地开展学习，从而找到自己的价值。

通过梳理教育形式的发展变化可以看出，第一次教育革命发生在工业革命的浪潮下，教育形式从个别的、单一的学徒制转变为规模化的、系统的班级授课制。第二次教育革命则受到了信息革命的影响，教育形式开始逐渐由班级授课制转向更为丰富的终身教育、自主学习形式。时代的变迁、社会的发展影响着教育组织形式的变化，因此要想促进现代教育的良好发展，就必须把握时代的脉搏，分析教育发展的现状，找准教育变革的出路。可见，教育变革正面临关键的转折，现代教育事业必须把握时机，积极变革。

4.学生个体差异的推动

每个个体之间都存在差异，不同的学生也有着不同的学习需求。具体来看，学生在学习过程中的个体差异主要可以从以下方面进行探讨：

第一,学生的学习风格存在差异。每个学生都有着自己的学习风格。有的学生接受能力强,学习速度快,可能会早早地掌握课程内容,之后有可能对教师的反复讲解感到厌倦;而有的学生接受能力较弱,学习速度较慢,可能会觉得教师进度太快,难以跟上课程进度,也有可能丧失学习信心。学习风格没有好坏,也与学生的智力水平没有关系。我们不能简单地认为学得快的学生就有着较好的学习风格。不同的学习风格还反映着不同的知识掌握能力。有些学生可能只是没有充足的时间来完成知识的内化,如果有了充足的时间,他们对知识的理解或许会比学得快的学生更加深入,对知识的掌握更加扎实,对知识的记忆也更加牢固。

第二,学生的学习动机存在差异。学生的学习动机并不会对其学习过程产生直接的影响,它更多地表现为间接的影响。良好的学习动机能够有效增强学习效果。比如,意志力强的学生可以长期地保持一种积极的学习状态,从而达到预期的学习目标,而意志力较弱的学生则只能保持短时间的良好学习状态,容易半途而废。每个学生的学习动机都不同,教育教学应该关注学生的学习动机,为学生制定个性化的学习目标与合理的学习计划,为学生提供具有针对性的指导,从而帮助每个学生实现自己的学习目标。每个学生在认知方式、学习风格、学习动机上都存在差异,而这些差异共同构成了他们不同的学习需求,也可以说构成了他们的学习个性。要想满足学生的差异化需求就必须关注他们的个性,为学生的个性发展提供帮助。

(二)翻转课堂在体育教学中的应用特征

翻转课堂在许多方面都对传统课堂教学进行了革新,作为一种全新的教学模式,它具有一些颠覆传统课堂的突出特征,改变了传统的教学过程,对课堂时间进行了重新规划与分配,在传授知识的方式方法上有所创新,并且促进了教师与学生身份角色的转变。

1. 教学过程的创新

对传统教学过程的颠覆是翻转课堂最为突出的特征。一般来说,传统教学的过程就是"教师讲授知识—学生完成作业",这种教学过程把讲授知识的环节放在了课堂上,将内化知识的环节放在了课下由学生自己完成。

翻转课堂的出现将这种教学过程彻底颠覆了,它将讲授知识的环节置于课前,将内化知识的环节置于课中,将巩固反思的环节置于课后。具体来说,翻转课堂要求教师在课前就做好相应的教学准备,按照课程目标搜索、整理或自己制作教学视频,为学生提供充足的学习资源,这样可以让学生在课前就完成基础知识的学习,让教师在课前就完成教学讲授;在课中,学生可以在课前学习的基础上提出自己的问题与困惑,教师则能够及时地予以解答指导,并且,教师还可以组织学生进行小组讨论、合作学习,让学生在课堂上就完成知识的内化;课后,教师同样可以为学生提供有针对性的学习资源,帮助其补充知识,巩固记忆,鼓励学生积极进行学习反思。

可以看出,翻转课堂将传统教学过程完全翻转,并且对教学过程中各个环节的功能作用进行了重新定位。

2. 教学方式的创新

翻转课堂的又一重要特征就是对教学方式的创新,其中最具代表性的就是短小精悍的课程视频,教学视频是翻转课堂教学资源的集中体现。

翻转课堂中的教学视频在一定程度上改变了传统教学被动的局面,学生可以通过短小但内容丰富的教学视频来接受知识,并且可以根据自己的需求暂停、回放、慢速播放视频,这有助于学生把握自己的学习节奏与学习进度,充分鼓励了学生的自主性发挥。在课前或者课下观看教学视频,也会让学生更加放松,在一个相对舒适的环境中学习,不需要神经过度紧绷,如果有不懂的地方还可以反复观看,强化记忆。在之后的复习巩固中,教学视频也发挥着重要的作用。

3. 师生角色的转变

教学过程的颠倒、课堂时间的重新分配自然也影响着身处课堂之中的教师与学生,翻转课堂的特征之一就是师生角色的转变。在传统课堂教学中,教师几乎占据着"主角"位置,但是在翻转课堂中,学生成了课堂的中心。学生在学习过程中遇到了问题可以向教师寻求帮助,教师主要负责为学生答疑解惑,提供及时的、具有一定针对性的指导,教师从以往的讲授者变成了学习资源的提供者,变成了学生学习过程中的引导者、帮助者。这也代表着课堂的中心不再是教师,而是学生。这种身份角色的转变向教师提出了更高的要求,教师除了要具备讲授技能之外,还需要具备收集整理教学资源、录制教学视频、组织教学活动的技能。

与此同时,学生在这样的课堂上也需要充分调动自己的主动性,不能再被动地接受知识，而是要积极、主动地汲取知识、内化知识。学生成为课堂的中心，就意味着学生将成为知识意义的主动建构者，他们可以按照自己的学习节奏、学习步调选择合适的学习时间与学习内容，遇到较容易吸收掌握的知识可以适当加快学习速度，而遇到较复杂的内容可以放慢学习速度，反复观看教学视频，仔细探究学习。学生不能再一味地等待教师给出答案，而是要通过自己的努力寻找答案。此外，师生角色的转换也有助于拉近师生关系，对营造良好的教学氛围有一定的益处，师生之间、生生之间可以交互协作，学生可以在丰富的教学活动中掌握知识内容，角色也由"被动接受者"变为"主动探究者"。

4.课堂时间的重新分配

对课堂时间的重新分配是翻转课堂的重要特征，具体体现在对教师讲授时间的缩减以及对学生学习活动时间的增加上。

在传统的课堂教学中，教师需要把大量的时间花费在知识的讲授上，学生就只能被动地听讲。

翻转课堂则改变了这一局面，它为课堂互动、师生答疑、探究讨论等教学活动留出了大量的时间，期望学生能够在相对真实的情境中完成知识的学习，并且能够学会交流与合作。由于翻转课堂将教师的讲授环节放在了课前，因此它既保证了教学内容的充足，也有效活跃了课堂氛围，提升了课堂互动性。这种对课堂时间的重新分配有助于加强学生对知识的内化，深化学生对学习内容的理解。并且课堂交互性的提升对之后教师开展教学评价也有一定的帮助，教师能够通过学生的互动表现了解学生的学习状况，学生也能在教师的评价中进行反思，更加主动地把握自己的学习。

可以看出，翻转课堂从整体上提升了课堂时间的有效利用率。

二、混合式教学及其应用

（一）混合式教学的基本认知

首先，混合式教学是互联的动态系统。教学过程中的各要素本身就息息相关，在混合式教学中更是如此，甚至各要素的关系更为密切，它们相互关联、互为影响，共同构成了教学的耦合系统。教师与学生作为教学活动的双方，二者都存在自我组织教与学的意识，只不过在能力上表现得有强有弱。有序化的教学过程离不开师生双方的共同努力，师生有着共同的目标，也站在各自的立场接受着相同的信息，由此，学习过程中产生的问题与障碍便具有了一致性，有序化便得以实现。

其次，混合式教学是线上与线下教学的融合。单纯强调在线教学、网络教学的教学方式不能被称为混合式教学，因为混合式教学是在线教学的延伸与传统课堂教学的扩展，更是二者的有机结合体。在线教学与传统课堂教学都存在不可忽视的缺点，前者容易导致师生互动交流的缺失，学生在遇到问题时无法及时向教师反馈并寻求帮助，教师也无法立刻知晓自己的教学效果；后者则以教师讲授为主，弱化了学生学习的主体地位。在线教学与传统课堂教学均存在不足，哪一种教学方式单独使用都无法实现最佳的教学效果，只有将二者结合起来，相互弥补缺点、发挥优点，才是最好的。

混合式教学之所以在教学实践中取得成功，就是因为其将在线教学与传统课堂教学相结合，充分发挥这两种教学方式的优势，这为教师提供了新的教学途径。混合式教学模式对学习者更为关注，其在肯定教师作用的同时，鼓励学生自主探究学习，让学生主动完成意义的建构，形成更为健全的知识体系。

最后，混合式教学重在激发学生的学习兴趣。兴趣是最好的老师，也是学生学习最大的动力，混合式教学就非常注重对学生学习兴趣的激发。

不论是在教学 PPT 的制作中，还是教学活动的安排中，或是课后作业的布置中，混合式教学都强调融入趣味性元素，将学生的学习兴趣挖掘与调动出来，这样学生才能主动学习。

（二）混合式教学在体育教学中的应用特征

1. 以学生为中心

混合式教学以学生为中心，根据学生的需求为他们制订个性化的学习方案。在差异化的教学辅导下，学生收获的学习成果要比传统课堂教学丰硕得多。当学生某个阶段的学习目标达成之后，也将更有动力开展下一阶段的学习。为学生制订个性化的学习方案并不意味着教师要事无巨细地照顾每个学生，教师只需要根据学生在网络教学平台上提交的个人学习的薄弱环节，就可以为他们制订出有效的学习方案。对于学生已经掌握得很好的知识点，一带即过；对于学生感到疑问与困惑的知识点，则进行深度讲解。如此一来，学生虽然没有得到教师一对一的辅导，但是却收获了相同的学习体验，获得了相同的学习效果。

2. 监督式学习

混合式教学主张对学生的学习进行监督，目的是更好地掌握学生的学习情况，从而为其提供有针对性的教学辅助。所谓新型的监督化学习，主要是依托学生在线学习反馈的数据，对这些数据加以分析，学生的学习情况就完整地呈现在教师面前。

教师也可以通过多种方式主动了解学生的学习情况，如批改学生的作业、查看学生的学习反馈、统计学生在线平台的相关讨论等。教师之所以要及时关注学生的学习进展，是因为假如学生尚未掌握现阶段的知识就进入下一阶段知识的学习，必然会导致两个阶段学习效果均不佳的后果，教师必须确保学生已经掌握了现阶段的知识，才能依照计划开展接下来的教学。

除了以上获取学生学习情况的方式之外，学习跟踪系统与学生自我评价系统对于教师来说也是十分可行的选择。教师可以通过学习跟踪系统对学生的学习情况进行统计，如根据学生对教学材料访问的次数推断学生对这部分教学内容的掌握程度，根据查看教学材料的具体用户了解不同学生的学习进度等。自我评价系统不仅是针对学生开发的，让学生对自己的学习情况进行评价，而后上传至系统平台，更对教师掌握学生的学习情况大有裨益，教师可以依据学生对自我学习成果的总结与反思，知晓学生学习目标的达成情况，从而对自己的教学行为加以调整。从这个角度来说，自我评价系统既让学生对自己的学习表现进行了客观评价，也反映出了教师的教学成效，实现了对教师的监督。

3. 全方位混合

（1）线上线下混合。对于混合式教学而言，线上与线下即在线网络教学与传统课堂教学的结合是最表层的含义，这也意味着，只要是混合式教学，就都符合线上与线下混合这一特点。在以往的教学实践中，以互联网、多媒体等为媒介的线上教学与传统的课堂教学存在一道鸿沟，大多数教师仅仅以课堂讲授作为教学的重心，混合式教学则打破了线上与线下教学的界限，使两种看似迥然不同的教学方式融为一体。不论是线上教学还是线下教学，其目标都是高效完成教学活动，让教学成为有效、有意义的事。混合式教学在教学实践中的应用绝不能流于形式，要真正地把教学各要素有机联系起来，如师生、家长、教学资源等，引导学生同时开展线上学习与线下学习，充分发挥互联网、多媒体等对传统课堂教学的促进作用，让学生在良好的氛围中习得知识、掌握技能。

（2）教学理论混合。由于教学活动的复杂性，教育界并不存在所谓的通用教学理论，即一种在任何情况下都能促进教学实践发展的理论，教师应当根据教学的实际情况采用多种不同的教学理论。目前，公认的对教学效果具有积极作用的教学理论包括行为主义教学理论、认知主义教学理论、建构主义教学理论等。在知识的传播与转换方面，行为主义与认知主义教学理论的优势最为明显，其能够极大地促进学生对知识的学习、内化与吸收；在均衡教师的教与学生的学方面，建构主义教学理论则表现得更好，其能够指导教师建构起有利于学习发生的教学环境，从而推动整体教学目标的实现。不同的教学理论具有不同的特点，他们所表现出的对教学的促进作用也各不相同，这就要求教师在分析教学内容、教学目标、学生学习情况等的基础上，灵活应用各种教学理论，这也是混合式教学所倡导的教学理论的混合，唯有如此，才能最大化地发挥各教学理论的作用。

（3）教学资源混合。混合式教学中的教学资源混合又可以分为教学资源内容的混合、教学资源呈现方式的混合、教学资源整体的优化与整合。

第一，教学资源内容的混合。随着社会的发展，单一的技能型人才已经无法满足用人单位的需求，因而，综合性人才培养成为学校的重要任务。学生在学习的过程中，不能仅仅接受某一门学科知识，而是要广泛吸收多学科的内容，在混合式教学资源内容的推动下，形成系统条理且发散的知识体系，从而形成更强的社会竞争力。

第二，教学资源呈现方式的混合。教学资源是学生知识与技能学习的主要来源，基于混合式教学，越来越多依托互联网与多媒体的资源呈现方式衍生了出来，学生完全可以在学习课本的基础上，借助新型的资源呈现方式加深对知识的理解。知识本身就是无处不在的，课本中、黑板上、网络里都能学习到知识，只有将传统的与新型的教学资源呈现方式混合起来，同时发挥二者的作用，才有利于学生对多种教学资源的综合利用。

第三，教学资源整体的优化与整合。在线学习资源与传统的课本中的学习资源融合，使学生获得了庞大的学习资源库，其多种多样的学习需求基本能得到满足。但与此同时，庞大的学习资源库中也产生了许多低质的内容，如同一知识点的重复讲解、同类知识点的分散讲解等，这样的资源并不利于学生的高效学习，也造成了不小的资源浪费。所以，教学资源必须在混合的基础上实现优化与整合。

第四节　体育说课与模拟上课教学实践

说课和模拟上课是国家基础教育体育课程改革背景下出现的新生事物，是提高体育教师教学基本能力的重要手段之一。

当前，各具特色的体育教研活动、各类体育教师教学能力基本功比赛、体育教师入职考试等，都涉及说课、模拟上课等技能。可见说课、模拟上课与教师的成长和发展有着密切的关系。

一、体育说课教学活动

体育说课作为学校体育教研的一种形式，现已成为体育教师认真备课、钻研、探讨教学问题的好方法，是提高教师素质、培养造就研究型教师的有效途径之一。说课不仅丰富了备课内容，而且为促成有效课堂教学奠定了基础。备课是教师凭借掌握的知识及课堂经验去思考设计课堂，而这种思考是隐性的；上课是传授体育知识、技能，培养学生能力的基本形式；说课则结合了备课与上课的优点，即教师把自己隐性的思维过程及其设计教学活动的理论依据用简洁清晰的语言表达出来。同时，在说课过程中难免会发现备课中不易发现的问题，可以通过补充、加工、修改，加强教学准备工作。

说课活动作为一种教学研究方式，是一种外在的力量，但它又需要通过教师自身的参与才能达到目的。因此，说课是借助外力，促使教师内因发生变化的杠杆；这种有明确目的、为教学所需求的活动，旨在提高教师素质和课堂教学质量。通过其固有的活动方式，能有效地提高教师的教学业务水平，并在课堂教学研究中发挥它的作用。说课的基本方式是运用现代教学任务分析技术，把教材研究的方式用一定的教学技术规范化，使教材研究成为每一位教师都易于掌握的技术，有利于教师把握教材，提高教材研究的水平，为传统的教学活动注入现代教育的要求。

说课活动极大地调动了体育教师投身教学研究、学习教育理论、精通专业理论、钻研课堂教学的积极性。说课，对于教师了解、研究和评价一节课，专题研究某一教学内容以及培养和提高教师课堂教学水平具有重要的意义：说课能反映教师课前、课后的各种活动、教学设计理念以及课程实施过程中教学策略与认识等；这种教研活动为我们寻找到了运用集体智慧共同提升教师教学水平的有效途径；在一定意义上它也找到了教学理论和教学实践的有机结合点，即备课、上课、评课的有机结合点。

由此一来，教师将体育教学的理论与实践有机地结合起来，并集备中说、说中评、评中研、研中学为一体，这是优化课堂设计、提高教学效果、强化教学水平的一种有效途径。这种把个人研究与集体研讨融为一体的教学研究活动，既能集众人的智慧，又能扬个人的风格，使学校教研组活动真正成为落实学校体育教育教学工作的基本阵地。

说课的兴起是教育事业发展的需要。随着教育改革的深入，说课将作为教学研究的一种形式获得发展。说课的好处很多，从不同的角度看，有不同的答案。体育说课在教学活动中的意义主要包括以下五个方面：

（一）营造和谐的教研氛围

自从提出了体育说课的概念，广大体育教师就迅速地接受了它，并且把它转化为自身的教学实践行为。由此不难看出，说课这项教研活动有利于各学科的教师从理论走向实践，有利于教师从实践中不断反思，有利于教师从集体的智慧中汲取营养，这也是一线体育教师教学实践的迫切需要。

体育说课是将静态的个人备课转化为动态的集体探究，由此形成一种发挥群体优势的研讨氛围。教师在说课中所阐述的教学设计往往是带有自创性的经验成果，它所营造的教研氛围，有助于引导广大教师自觉地从经验型向探究型、学术型转变。在说课中，专家或评委的评价能充分体现真实性和准确性，以较高的教育素养、鉴别能力进行高层次的切磋和交流，这就很自然地增加了教和研的深度，有利于教师认识教学规律，把握教学研究的方法，提高教学研究的能力，有效地改变体育教师只"教"不"研"的现状，促进"教"和"研"的有机结合。

目前，说课主要以一种同事、同行间共同探讨的形式，针对具体问题提出自己的看法和建议，在和谐中养成自觉探究和思考教学问题的良好习惯，这为学校体育教研活动的开展营造了一个良好的氛围。

（二）促进教师的专业发展

体育教师专业发展是教师专业成长和教师内在专业结构不断更新、演进和丰富的过程，包括观念、知识、能力、专业态度、动机、自我专业发展等方面。体育说课不仅要求体育教师立足于实践，而且要求教师必须有一定的理论素养，这样才能使说课以一种最精练的、最准确的方式把其所有想法表达出来。

短短20分钟左右的说课，实际上能够比较全面地折射出一个教师的基本素质。体育说课要求说课者既要有深厚的体育学科专业知识，又要有较好的体育教育教学理论知识，更需要有较强的体育理论联系实际的应用能力和研究能力。因此，教师要说好课，寻求本人教学特色的理论支撑点，不仅要认真钻研教材，而且要自觉学习相关的体育教育教学理论，还要查阅大量相关教育教学资料。

说课活动的开展，促使教师从看教学参考书、教案转移到认真学习、钻研教育教学理论上来，把刻苦学习教育学、体育心理学、体育教学基本原理等理论知识作为一种直接的内在心理需求，养成自觉运用体育教育教学理论指导教学实践的习惯，促进体育教师走"自我更新"的专业发展之路。在基础教育课程改革的背景下，传统的教学观念、教学方式将受到前所未有的挑战，其中很多都关系到理论与实践结合的问题，如体育教学理念的转换、教学内容的选择、教学目标的把握、教学方式方法的更新、学生评价的合理性与准确操作等。

每个教育者面对的都是不同的教育环境、教学内容和教学对象，这需要教师具备根据实际情况进行有效教学的能力，而不是靠生搬硬套现有的教学模式。体育说课教研形式是在激发个人和集体智慧中融合每一位体育教师的智慧，把个人困惑或难以解决的问题，在集体的智慧中分解。体育教师专业发展的路径很多，如培训、集中学习或其他自学方式，而说课恰恰是立足于教师的教学本质，立足于体育教学实践，是对教师真实的教学状态、教学水平的一种检验和激励。同时，说课还能促进教师之间的有效合作，促进学校体育教育整体水平的有效提高。

（三）促进教师教学反思

教学反思是教师自觉地把自己的课堂教学实践作为认识对象，进行全面、深入的思考，再以体会、感想、启示等形式进行总结。反思自己的教学行为，对整个教学过程进行回顾、分析和审视，总结教学的得失与成败，才能形成自我反思的意识和自我监控的能力，才能不断丰富自我素质，提升自我发展能力，逐步完善教学艺术。体育教师说课是把体育教学理念、教学目的、教学内容和教学方式方法融为一体的过程，它反映的是教师对教学理念、教学策略和教学设计的思考。

对于说课者来说，说课是要把课堂教学操作行为以概括性的语言阐述出来。因此，说课对每个教师来说有一定的内在驱动力，它能引发教师去思考，去努力完善自我。说课这种活动方式，也无形地引领教师对教学进行比较系统和深层次的反思，反思的意义在于对原教学中的一些问题进行归纳和解决。每位体育教师在教学实践中都有自己独特的体验或经验，教师都希望在集体活动中能有自己独特的见解或能有所创新，这样的集体活动氛围，有助于激发教师对课程改革的思考、对教学方式方法的更新以及对如何有效教学的思考。

创新源自对问题和现状的反思，创新需要一些真正能激活教师思维的动力。说课就能够促成教师在反思基础上去发现问题，去寻找新的突破点，这样就容易引起教师在教学上的创新。因此，说课是一种形式和手段，当我们很好地把握了这个手段，很好地对体育教学规律、教学本质加以理解和认识时，这种手段就会带来巨大的教学变革。

说课要求教师在对教学设计进行表达时要讲清为什么要这样教以及如此设计的与众不同之处在哪里，这样就能将教学思路引向如何改变教学和行为，使得教师能够进一步推进教学改革，实现教学创新。从此种意义上说，说课是促进教学反思和推进课程改革的有效手段。

（四）搭建教师的交流平台

课程改革在很大程度上离不开教师的集体合作，能加强教师间的集体合作意识。体育课程内容庞杂，具有很强的综合性。体育教学活动离不开场地器材的统筹安排，离不开学校体育活动有序的排列和教师之间的配合。体育运动项目繁多，学生有不同的运动兴趣与爱好，如何去满足不同性别、不同年龄学生的运动兴趣，如何有效开展体育教学等，这些问题，如果在集体的合作中，就会得到解决。

说课这一教研活动能有效地让教师聚集在一起，共同探讨每一个人所遇到的问题，在和谐的教研氛围中，容易达成共识或找到最佳的解决方案。过去我们在教学研究、教学总结等方面做得还不够细致，以至于在很多情况下，一线体育教师在教学实践中做得很好，但在说课时却不知道如何去表达，如何去提炼总结，结果就会使得教师一谈起教学科研时就觉得自己不行，认为这样的事情只有专家才行。在现实教学中，如何才能有效地把实践操作与理论知识结合转化为教学资源，是每位教师面临的问题。

通过说课可以为广大教师提供一个广泛交流、表达和展示才能的平台。通过说课，教师可以把自己在教学中所总结和秉持的教学观点、教学认识、积累的教学经验甚至是自己在教学中所产生的情感以及所想所思，通过说课的具体方式形象地表达出来，以便与同行进行广泛的交流和总结，这样不但能够提高教师的教学水平，而且能够通过某一单元、某一课的教学内容概括出新的理念，获得更多经验。

（五）促进体育教学的评估

很多学校、教育行政部门出于看到说课这项教研活动在推进教学改革、提高教师专业能力、促进学校整体发展方面有着积极意义，同时具有可操作性、可评价性，所以把说课纳入教学管理、教学评估之中。目前我国很多学校在聘任体育教师时，就以说课来考察入职教师的专业能力和专业水平，所以，说课已成为评估教师能力和水平的一个重要方式。近些年来，说课能迅速地从一个研究成果转化为教育行政部门的决策，转化为教师的实践行为，也从另一个侧面说明了说课的价值所在。

说课与备课、上课等教学环节既为一体又有区别。说课是对备课、上课等教学环节的规范与制约，但三者又有着共同的目标指向，因而又是统一的。这就要求我们在体育教学实践中既要抓住各自的实质,明确各自的不同任务和特点,不能相互混淆或取代,又不能割裂他们之间的联系,即不能脱离备课与上课去孤立地研究说课。

说课要以备课为基础,以上课为归宿,架起由备课通向上课的桥梁,使各个教学环节构成一个紧密的链条,据此形成教学设计、说课、上课的理论与实践相融合的教学整体。

体育说课的核心问题可使教师在备课、上课过程中的理论依据得以充分体现。体育说课中不仅要说"实",即说教什么、怎么教,而且还要说"虚",即说出教什么和怎么教的理论依据。这样能够使体育教师的教学冲破狭隘的个人经验与习惯,使教学成为高度自觉合理的活动。

二、体育模拟上课教学实践

模拟上课是在没有学生的情况下,通过教师的讲述,将预设的课堂教学虚拟展现出来的一种展演课的形式。模拟上课与现场上课不一样,与说课和课堂实录也不一样。

模拟上课,是一种模仿真实的课堂,即在没有学生参与的场景下完成的虚拟教学活动。由于模拟上课所用时间短,又不受场地、天气、器材等因素的限制,所以发展非常迅速,在招聘、评课、赛课、职称评定中频繁出现,成为考查、评定教师教学技能的方式之一,目前更是受到广泛运用。模拟上课作为一种新型的教研活动方式,弥补了说课时不能考查体育教师运动技能的不足,它对教师的专业发展具有一定帮助。

在体育教师的教学基本能力中,备课是上好课的前提,备课给教学提供理论依据,说课能促进教学思考,"模课"更能将理论升华、实践绽放。由备课到模拟上课,体育教师需要精确地把握学情和教情,改善预设,提高应变能力,思考如何教好,这样,才能从根本上提高教师的备课质量,使课堂教学更加科学、合理、可操作和有效。课堂教学是师生互动的双边活动,体育模拟上课能将真实的课堂"浓缩",将冗长的课堂教学时间进行压缩,虽然不能十分精确地反映上课的实情,但至少给了更多教师展示驾驭课堂的平台,是说课的一种补充和延伸,其主题鲜明,重点突出,是经济、实效的教研活动。体育模拟上课对教师的专业素养有一定的要求，这就促使教师要不断地学习、充实，更新理念，提高理论水平。模拟上课时教师要用自己的语言和动作展示教学思路和设想，这无形中提高了教师的语言组织能力和表达能力，以及动作示范和课堂组织能力，促进体育教师自身素质的提高。

与说课相比，体育模拟上课更侧重于教师综合素质和实践能力的反映，因此也更适合当前的教育改革趋势。说课要说教材的内容、地位、教学目标、重难点，不仅要说出"怎样教"，还要说清"为什么这样教"，要让听者不仅知其然，还要知其所以然，比较侧重理性层面。模拟上课则是说课的延伸和补充，选取说课中的教学流程这一部分把它具体化，把教材的内容、地位、教学目标、重难点等通过模拟上课表现出来，更侧重于实践性。体育教师在模拟上课过程中模仿实际教学情境，但没有学生的配合，把需要40分钟的体育课堂教学在15分钟之内展现出来，从体育的特性来看，比模拟文化课堂难度更大。模拟上课与说课中说教学流程有一个共同的特点，就是应抓住本节课教师认为是亮点或重点的地方加以重点突破，详细阐述与展示。

基于模拟上课是实践教学的浓缩版，是教师模拟上课的真实情境，是把体育课堂教学中的过程在没有学生的情况下用自己的肢体动作、场地器材变化、语言表达，以虚拟的活动形式描述出来，因而模拟上课能更真实地反映出教师的基本素质、业务水平和组织教学能力等。模拟上课与真实上课的不同是没有学生的直接参与，它要求教师做好充分的预设并在相应的学生活动环节中巧妙过渡。而真实上课除了有学生的互动参与，还掺杂了突发的、不可预见的体育教学事件，对教师的课堂调控能力和教学洞察力有更高的要求。

模拟上课将个人备课、教学研究与上课实践有机结合在一起，突出教学活动中的主要矛盾和本质特征，同时又能摒弃次要的非本质因素，使教学研究的对象从客观实体中直接抽象出来，具有省时、高效的特点。它把传统的说课和课堂教学合二为一，浓缩并结合，更高层次地展现了教师的综合素质。

模拟上课能较好体现体育教师的教学技能和模仿能力，它整合了传统的说课和真实上课的一些优势，丰富了教学手段。体育模拟上课教学形式是评价教师教学专业基本技能的方法手段之一，也是教师获得钻研教材教法、关注学法经验的重要途径。但体育模拟上课的不足之处也是明显的，课堂上只有预设的事件，不能很好地展现教师处理突发事件的能力，对教材内容的融合缺乏仿真的灵活运用。

因此，体育教师要不断提升自身的教学基本功，扬长避短、用巧补拙、注重环节、把握细节、突出重点，在模拟上课时，注重与真实课堂教学有机结合，最终达到教学最优化，使模拟上课绽放光彩。

第四章

高校体育锻炼的科学理论基础

第一节 体育锻炼的科学分析

一、体育锻炼与健康

(一)健康的概念和标准

健康是人类关注的永恒主题。"健康第一"既是时代的需要、社会发展的需要,也是我国现实国情的需要。树立"健康第一"的理念,将对人类的发展、社会的进步,对我国在 21 世纪的改革与发展产生深远的影响。

健康的内涵一直是人们所关心和探讨的话题,不同的历史阶段对健康有着不同的理解并赋予健康不同的内涵。人类对健康的认识是以人类的科学进步以及对人类自身的认识和了解为基础的。世界卫生组织(WHO)于 1984 年在其宪章中指出,健康不仅是免于疾病和衰弱,而且是保持身体上、精神上和社会适应方面的完善状态。世界卫生组织指出:"道德健康"也应该包括在健康的含义中,一个人只有在身体健康、心理健康、社会适应良好和道德健康四个方面都健全,才能算是健康的人。全面、客观地从生理、心理、社会、道德几个方面来探讨人的健康,争取健康和创造健康是现代人的健康观。就个体而言,健康的含义也变得更加宽泛而具体,其中比较有代表性的是美国学者所提出的"Health,Wellness"健康观以及健康的身体、心理、精神、社会、智力五要素说。这样的划分反映了在一定社会发展阶段人们对健康不同层次的认识和追求。

Health 意为"健康"，即世界卫生组织对"健康不仅是免于疾病和衰弱，而且是保持身体上、精神上和社会适应方面的完善状态"的定义；Wellness 字面上是"良好"的意思，而从其含义上看，则更接近于一种以达到健康、幸福、财富为目标的个人健康的做法，强调个人的责任，通过实行能够增进健康的生活方式来实现。更确切地说，Wellness 实际上是一种能够增进健康的合理生活方式，一种积极的和高质量的生活。它的内涵更加广泛和具体，包括以下诸方面的良好状态：社会方面，认为个体应具有顺利实现其社会角色的能力，同时不会对他人造成伤害；身体方面，认为应通过合理饮食，进行有规律的锻炼，避免不良习惯和嗜好，参加能够预防疾病的活动，在需要的时候寻求医疗保健方面的帮助，以及在身体健康方面具有广博的知识和高度的责任感等手段来维护一个健康的体格；心理方面，要求有理解和合作的精神，能够妥善处理日常生活中出现的问题；智力方面，则应具备能够接受新事物的开放性思维，乐于寻求新的经验和体会，勇于接受新的挑战；精神方面，应能够合理平衡自身需要和外界需求的矛盾，恰如其分地自我评价和自我对待，与他人和谐相处。另外，也有研究认为健康还应包括职业方面，即喜爱自己维持生活并对社会做出贡献的工作。无论身处何种职业，都应具备判断性的思维、解决问题的能力以及与他人交流和沟通的能力，部分研究认为其隶属社会健康。

世界卫生组织提出衡量是否健康的 10 项标准："有充沛的精力、能够从容不迫地应付日常生活和工作的压力而不感到紧张；处事乐观，态度积极，不挑剔；善于休息，睡眠良好；应变能力强，能适应环境的多种变化；能够抵抗感冒和一般性疾病；体重适当，身体匀称，站立时肩臂位置协调；眼睛明亮，反应敏锐，眼睑不发炎；牙齿清洁无空洞、无疼痛，齿龈颜色正常，无出血现象；头发有光泽、无头屑；肌肉有弹性，走路感觉轻松。"

（二）体育锻炼对健康的影响

影响健康的因素是多方面的，包括生物因素、环境因素、生活方式因素和保健服务因素等。

随着人们对包括"现代文明病"在内的健康问题的深入认识，相关研究者总结出维护健康的四大基石：平衡饮食、适量运动、戒烟限酒、心理健康。其中，适量运动即为科学的体育锻炼。

体育锻炼是指人们根据需要自我选择，运用各种身体练习方法和手段，并结合自然力和卫生措施，以强身健体、调节精神、丰富文化生活和支配空闲时间为目的的体育活动。体育锻炼是增进健康、增强体质最积极、最有效的方法。

二、体育锻炼、运动训练与体育教学

体育锻炼是科学地利用所掌握的体育方法，结合自然环境与卫生等因素进行发展身体、增进健康、陶冶情操的身体活动过程。体育锻炼要与运动生理规律、健身原理、个人、社会和自然环境等多方面因素相协调，以达成多领域的健康目标。

体育锻炼、运动训练和体育教学三者既有联系又有区别。它们都是以身体练习为基本手段，要承受一定的运动量并使运动痕迹不断积累，以便不断促进身体新陈代谢，改善身体形态机能，增强体质；它们都具有教与学的因素。它们的区别主要在于：由于运动的定位不同，表现在目的、对象、内容、运动负荷及组织形式等诸多方面各有侧重。

第二节　体育锻炼的行为理论

一、体育锻炼行为的概念与模型

（一）体育锻炼行为的概念

行为是个体或集体对环境的反应，行为与生活方式密切相关。生活方式包括物质生活资料的消费方式、精神生活方式和闲暇生活方式。体育锻炼行为是在认识身体活动的基础上建立的。在《运动和锻炼科学词典》中，将身体活动（Physical

Activity）解释为引起能量消耗水平超过安静时代谢率的人体运动。部分学者将身体活动定义为肌肉收缩所产生的、导致人体能量消耗增加的身体运动。随后，研究者界定了身体活动的内容分类，认为身体活动包括职业活动（工作）、家庭活动、体育教育的必修课计划（体育课）和闲暇活动（锻炼、运动、训练、舞蹈和玩）。

体育锻炼行为是指人们所从事的身体活动不仅具有提高或保持健康或身体素质的目的，而且是在一定的时间内经常重复的行为。明确而具体的目的性和一定的强度特征是体育锻炼区别于身体活动（体力活动）最主要的标志。但我国学者认为的体育活动范围较广泛，不仅包括体育运动项目，还包括下棋、打牌等活动强度较小的娱乐活动。这些体育活动除了消耗一定的能量外，还常常带给人们一定的乐趣和精神方面的享受。

体育锻炼是现代社会一种积极的生活方式，是现代休闲娱乐的重要方式。与其他任何社会文化娱乐和休闲方式相比，体育运动无疑具有最广泛的社会适应性，而且适当的身体运动不仅有利于人体的机体健康，还有益于人体的心理健康。现今，人们的社会生活方式以合理、自由和丰富为原则，以文明、健康、科学为主要特征。人们生活方式的突出表现就是体育锻炼与生活质量、生命价值联系得更加紧密，体育锻炼将以其独特的功能全面介入生活领域，从而真正成为生活不可或缺的组成部分。

（二）体育锻炼行为的模型

基于心理学理论，体育锻炼行为的模型有以下五种：

1. 健康信念模型

健康信念模型（以下简称 HBM 模型）最先是在健康心理学领域提出的，之后被移植到锻炼心理学研究中。HBM 模型认为，健康行为来自心理、社会因素的共同影响，它的核心部分是一套关于健康的个人信念，这些信念调节着人们对威胁的感知，从而影响他们采取健康行为的可能性。

2. 合理行为理论与计划行为理论

合理行为理论认为，人是理智的，当他看到危险时会以一种最理智的方式做出反应，而意图是行为预测的最佳因子。计划行为理论是合理行为理论的延伸，在其理论体系中加入了行为控制变量。

3. 控制点理论

控制点理论认为，个体要对影响自己行为的因素进行评价，评价这些因素是处于自己控制之下，还是由他人或某种偶然因素所控制。

4. 社会认知理论

根据社会认知理论，个体、行为、环境三个因素是相互作用、相互影响的，个体因素中的认知、思维和情感是非常重要的部分。

5. 跨理论模型

跨理论模型从认知、行为和时间三方面来综合考虑行为的变化过程，指出不同类型的认知在锻炼行为改变过程中的不同阶段其重要性也不同。根据跨理论模型，采用什么样的锻炼行为干预策略必须视个体行为所处的阶段而定。

跨理论模型涉及变化阶段、变化过程、决策平衡和自我效能。

变化阶段是指行为变化发生的时间维度，它根据个体过去的行为和未来的计划将锻炼行为分为五个不同阶段：

（1）前意向阶段：没有打算在6个月内进行有规律锻炼，在这一阶段，个体维持着坐式生活方式。

（2）思考阶段：在这一时期，个体想要在未来6个月内进行有规律的锻炼。

（3）准备阶段：指产生直接参加有规律锻炼的意向（在随后的30天内）和承诺变化行为（有时伴随着小的行为变化，如在健身中心报名或买一双跑鞋）。

（4）行动阶段：指正在进行有规律的锻炼，时间不足6个月，1星期有3次或更多，并且在每次锻炼时均达到或超过20分钟。这是最不稳定的阶段，也是最复杂的阶段，很容易因为一些原因而中断锻炼。

（5）保持阶段：已经超过10个月进行有规律的锻炼。如果个体坚持锻炼超过5年，那么他就有可能形成终身锻炼的习惯。

变化过程包括认知过程和行为过程。认知过程的信息主要来自以往的经验，这个过程在变化早期比较重要；行为过程的信息主要来自外部环境和自身行动，其在变化后期变得比较重要。

决策平衡是指对采取体育锻炼行为的代价和所获得的收益进行评价。在从早期阶段（前意向阶段、思考阶段、准备阶段）过渡到行动阶段的行为变化过程中，决策平衡起到了非常重要的作用。因此，对于锻炼计划指导者来说，帮助个体了解和认识锻炼的价值，促使他们从思考阶段进入准备阶段是极其重要的。

在整个模型中，除了变化过程外，自我效能还与变化阶段相互作用，并引起锻炼者的行为变化。

跨理论模型在锻炼行为干预领域受到了普遍的关注，被认为是一种比较理想的模式。跨理论模型包含了处于不同行为变化阶段的个人。跨理论模型认为，行为的变化是动态进行的，会受到多种因素的影响。跨理论模型提出了个体行为变化状态的不同过程，为进行锻炼行为干预提供了理论指导。跨理论模型强调除了行为会发生变化之外，还有许多其他的结果会伴随着行为变化而产生。

总之，跨理论模型可以帮助人们更好地了解自身在希望改变和拒绝诱惑时有什么样的复杂机制在起作用。而且，除了可以应用于锻炼行为改变以外，这一模型还可应用于所有损害健康和促进健康的行为。

二、高校学生体育锻炼的行为特点及培养

（一）高校学生体育锻炼的行为特点

高校学生体育锻炼行为的结构因素主要包括锻炼主体、内容结构、需要动机、外部环境等。

高校学生体育锻炼行为的主体即学生自身。对于男女学生体育锻炼行为，部分研究认为男生在锻炼次数、锻炼时间、锻炼强度方面明显高于女生，这种状况可能与女生自身生理特点及传统健美观念等因素息息相关。另外，文科学生在锻炼次数、时间及强度方面均小于理科学生。从体育锻炼行为内容上看，男生在高年级较之低年级时从事大球项目进行锻炼的比例有增加态势，小球项目的锻炼人数比例下降。女生在高年级时则呈现从事大球项目的人数比例急剧下降，从事小球项目有所增加的态势。

高校学生体育锻炼行为的内部需要呈现健身需要、娱乐需要、健美需要、终身体育需要等多元化特点。高校学生在进行体育锻炼时，基于健身需要的比例最高。因此要重视学生的内部需要，了解学生既想锻炼身体增进健康，又怕体育锻炼耽误学习的特点，加强引导，使学生形成积极体育锻炼的生活方式，切勿使学

生偏离健康轨道，出现损害健康的体育锻炼行为。

（二）高校学生体育锻炼的培养

（1）培养学生对体育锻炼的兴趣。在体育教学中，善于激发学生参与体育锻炼的热情，变被动锻炼为主动锻炼。这要求体育教师在教学过程中运用合理的教学方法，及时发现学生的优点，给予表扬与鼓励。教学内容应丰富、活泼、趣味性强，使每一位学生在体育活动过程中体验到苦中有乐，在艰苦的锻炼中品尝到运动的乐趣，从而使学生对体育运动保持长久的兴趣和源源不断的运动欲望。

（2）实施素质教育。教育行政部门和学校要充分关注学生的身心健康，采取切实有效的措施，真正贯彻好"健康第一"的指导思想，使学生参加自己喜爱的体育运动，增强体质，促进身心健康，培养学生真正成为"德、智、体"全面发展的社会主义建设人才。

（3）充分开发和利用体育课程资源。体育课程资源的开发与利用，与学生是否能进行积极的体育锻炼行为密不可分，如教育引导（教师、家长、同学等）、体育设施、教学内容、周边环境（校外体育资源及自然地理资源）等均对学生参加体育锻炼产生很大的影响，因此要充分开发和利用体育课程资源，为学生积极参加体育锻炼创造良好的氛围。

（4）加强体育课程教学改革。由于学生体育锻炼行为具有依赖性强、自觉参加次数少等特点，所以教育行政部门与学校必须采取有效措施，适当增加体育课和课外活动的次数与时间。根据学校的教学条件和周边环境，多组织一些符合学生身心特点的丰富多彩的体育活动（兴趣小组），安排有特长的老师或学生进行指导，举行一些符合地方特色的学生喜爱的体育竞赛活动来提高学生的体育锻炼兴趣，让学生每天有一个小时的锻炼时间，从而养成良好的体育锻炼习惯，为终身体育锻炼打下坚实的基础。

第三节　体育锻炼的原则、方法与计划

一、体育锻炼的原则

体育锻炼讲究科学性，不能盲目进行，不仅要严格遵循体育锻炼的基本原则，还要掌握正确的体育锻炼方法。体育锻炼原则是人们长期体育锻炼实践的经验总结，是达到理想锻炼效果所必须遵循的基本准则和原理。

（一）自觉积极性原则

体育锻炼不同于人们劳动和日常生活的一般性躯体活动，更区别于动物所具有的走、跑、跳、攀登等自然的本能动作。人们所从事的体育锻炼是有一定的目的和意识的身体活动过程，因此要发挥自觉积极的主观能动性。自觉积极性是要求锻炼者首先有明确的健身目标，懂得"生命在于运动"的道理，树立起锻炼有益于学习、工作和生活的正确理念。把个人的切身需要和身体锻炼的功效与民族体质、人口质量以及国家的兴旺结合起来，这样能更好地激发自己的锻炼热情。在这个基础上，还应认真选择适宜的锻炼内容和方法，安排适宜的运动负荷，使身体锻炼之后心情舒畅。"体育锻炼一定是快乐、有趣的，对学生而言，体育锻炼要吸引学生主动参与"。[①]

总之，体育锻炼的效果、信心、兴趣三者是相辅相成的，三者应密切结合才能做到积极、自觉地进行体育锻炼。定期检测锻炼效果，可以使自己看到锻炼的进步，有利于增强自信心，有助于不断巩固和提高锻炼的积极性。

（二）从实际出发原则

从实际出发原则是指锻炼者根据体育锻炼的目的、内容、方法以及自身的条

---

① 梁奎. 学生居家体育锻炼设计原则的探讨 [J]. 青少年体育，2021（04）：104.

件，选择适宜的运动负荷。每位锻炼者的主客观条件都不相同，如性别、年龄、职业、体育基础、身体状况、生活条件、锻炼目的等，因此在选择锻炼的内容、方法、运动负荷时要因人而异、量力而行，特别要注意运动负荷适量。

运动负荷适量是指体育锻炼时要有恰当的生理负荷。锻炼效果与锻炼时生理负荷的适宜与否有着极为密切的关系。负荷太小，机体得不到适宜的刺激，身体功能的变化不明显，锻炼效果也就不好。相反，负荷量过大，不仅不能增强体质，反而会损害健康。

运动负荷大小由"负荷量"和"负荷强度"组成。"负荷量"可以通过练习动作的次数、组数、时间、距离、负荷重量等特征表现出来，"负荷强度"可以通过练习动作的速度、难度、练习的密度、练习间歇时间的长短、单次负重的大小、投掷的距离、跳跃的高度和长度等形式表现出来。量和强度要处理适当。强度大，量就要相应减少；强度适中，量也可以相应加大。适量，就是以练习者承受得了并有一定疲劳感为限。

从实际出发，除了因人而异外，还要因时、因地制宜，以达到最佳锻炼效果。因时、因地制宜是根据外界环境的实际情况，如地理环境、气候条件、场地器材、环境卫生等，选择适合自身的锻炼内容和方法。

（三）持之以恒原则

持之以恒原则是指体育锻炼必须持续系统地进行，使之成为日常生活中不可缺少的内容。

从生物学角度看，人的体质增强是一个不断积累、逐步提高的过程，不可能一劳永逸。人体机能水平的提高、各种运动素质的发展、运动技能的形成与巩固，都有赖于长时期、经常性的锻炼，这样才能使机体在解剖形态、生理机能、生化过程等方面产生一系列适应性变化。人体结构和机能的变化都是通过机体活动反复进行强化来实现的，体育锻炼是对机体给予刺激的过程，连续不断的刺激作用，在机体内产生痕迹的积累，这种积累使机体的结构和机能产生新的适应性，从而使体质不断增强。锻炼效应具有不稳定性，当锻炼的系统性和连续性遭到破坏时，已获得的良好锻炼效应就会逐渐消退或完全丧失，进而体质逐渐下降。贯彻持之以恒原则，应注意以下两点：

（1）安排合理的锻炼时间。锻炼间隔时间长，锻炼的效果就不明显，因此每次锻炼时间间隔要安排合理。显然，要有长期计划、短期安排，计划的安排要根据身体适应运动负荷的能力而定。

（2）养成良好的锻炼习惯。持久的锻炼不仅健身益心效果显著，而且会使锻炼者兴趣逐渐浓厚，达到身心愉悦，从而养成经常锻炼的习惯。

（四）循序渐进原则

循序渐进原则是指体育锻炼必须根据人体身心发展规律和个人的实际情况，在锻炼的内容、方法、运动负荷等方面逐步提高，使机体功能不断得到改善和提高。循序渐进是人体适应环境的基本规律，人体对内外环境变化的适应是一个缓慢地由量变到质变的过程。只有遵循这个规律，才能取得良好的锻炼效果。否则，非但不能增强体质，相反还会引起机体损伤和运动性疾病，损害身体健康。

（1）选择合理的锻炼内容。在锻炼内容上，根据自己的身体状况合理选择。体质较好的人，可以选择比较剧烈的运动方式，如各种竞技运动项目；体质较弱的人，开始锻炼时可选择比较缓和的运动，如慢跑、徒手操、武术、乒乓球等；患慢性疾病的人，可选择保健体育的一些内容，如太极拳、健步走等。当体质逐渐变好时，锻炼内容也可以逐步由缓和变为较为剧烈的运动。

（2）运动负荷逐步加大。机体对运动负荷的承受能力有一个缓慢的适应过程，锻炼时运动负荷要由小到大，逐步增加。开始锻炼时，时间要短，运动负荷不要过大，待机体适应后再逐步加大。如果运动负荷长期停留在一个水平上，机体的反应就会越来越小。机体机能的提高是按照刺激—适应—再刺激—再适应的规律有节奏地上升，运动负荷也应随着这种节奏来安排。生病或中断锻炼后再进行锻炼，尤其要注意循序渐进，以免发生意外。

在体育锻炼时运动负荷增加要依据百分之十原则。百分之十原则是指导锻炼者既运用超负荷原则，又避免因过度运动而损伤的一种监控方法。其含义为：每周的运动强度或持续运动时间的增加不得超过前一周的百分之十。例如，每天持续跑步 60 分钟，下一周要超负荷练习，跑步的持续时间不应超过 66 分钟。从事其他运动或增加运动强度都应遵循百分之十的原则。

（3）每次锻炼过程也要循序渐进。每次锻炼前要做好准备活动，锻炼后要做好整理活动，如长跑前先进行 5 ~ 10 分钟慢跑，长跑后也不要马上停下来休息。

（五）全面锻炼原则

全面锻炼原则是指体育锻炼应全面发展身体各个部位和各个器官的机能，提高身体素质和基本活动能力，从而达到身心全面和谐发展。人体是在大脑皮质调节下的有机统一的整体，人体各部位、各器官的机能，各种身体素质和基本活动能力之间是相互联系、相互制约的。身体素质是人体在运动过程中所表现出来的力量、速度、耐力、柔韧性和灵敏性等能力，它们是通过肌肉活动表现出来的，同时反映着内脏器官的机能、肌肉工作时的功能情况，以及运动器官与内脏器官的配合情况。

对处于生长发育关键时期的青少年来说，全面发展尤为重要。各个运动项目对身体发展都有其独特的锻炼作用，但同时也有一定的侧重性。锻炼的内容可结合自己的兴趣爱好选择 1 ~ 2 个作为每天必练的项目，同时加强其他项目的锻炼以弥补主项的不足。全面锻炼的过程中还应注意心理素质的发展，如群体意识、个性发展等。

（六）安全性原则

安全性原则要求在体育锻炼过程中始终注意保护自己，做到安全第一。其主要内容包括不要盲目参加超过自己能力的活动；每次练习前必须做好充分的准备活动；饭后、饥饿或疲劳时应暂缓锻炼；每次锻炼后，要注意做好整理、放松活动。

二、体育锻炼的方法

体育锻炼方法是根据人体发展规律，运用各种身体练习，以提高人体的身体素质和基本活动能力为目的的途径和方式。其中提高身体素质的方法主要有重复锻炼法、间歇锻炼法、连续锻炼法、循环锻炼法、变换锻炼法和负重锻炼法等。

（一）重复锻炼法

重复锻炼法是指在体育锻炼过程中，多次重复同一练习，两次（组）练习间安排相对充分的休息,从而增加负荷的锻炼方法。

重复次数的多少不同,对身体的作用不同。重复次数越多,身体对运动反应的负荷量就越大。如果重复次数不断地增加,可能使身体承受的负荷达到极点,乃至破坏身体的正常状态,造成伤害。

运用重复锻炼法,关键是掌握好负荷有效价值范围(最有锻炼价值负荷量下的心率),并据此调节重复次数。在重复锻炼中,对负荷如何控制,怎样去重复才能达到理想效果的负荷程度,应视实际情况而定。

(二)间歇锻炼法

间歇锻炼法指在体育锻炼的过程中,对多次锻炼的间歇时间做出严格规定,使机体处于不完全恢复状态下,反复进行锻炼的方法。

人们认为体质增强的过程是在运动中实现的,其实体质内部增强过程主要是在间歇中实现的,是在休息过程中取得了超量恢复。若是没有在休息中取得超量恢复,则运动就变成对增强体质毫无意义的事情,甚至起不了作用。间歇对增强体质的作用并不亚于运动本身。自古以来就有以静练身的经验,在现代科学的基础上,人类更清楚地认识到在间歇时间内机体的各种变化,从而把间歇作为一种健身的基本方法。

同重复锻炼法一样,间歇的时间也要依据负荷有效价值标准进行调节。一般说来,当负荷反应(心率)指标低于有效价值标准时,应缩短间歇时间,而在高于价值标准时,则可延长间歇时间。通过适当的间歇,把负荷量调节到负荷有效价值范围,以追求良好的锻炼效果。实践中,心率在 130 次/分左右时,就应再次开始锻炼。间歇时,不要做静止休息,而应边活动边休息,如慢速走步、放松手脚、伸伸腰腿或做深而慢的呼吸等。这是因为轻微活动可使肌肉对血管起到按摩作用,帮助血液回流及排除代谢所产生的废物。

(三)连续锻炼法

连续锻炼法是指在运动锻炼的过程中,为了保持有价值的负荷量而不间断地连续进行运动的方法。从增强体质的良好效果出发,需要间歇就停一会儿,需要连续就接二连三地进行下去。不能仅讲究间歇,还要讲究连续,连续、间歇、重复都是在统一锻炼过程中实现的。连续、间歇、重复等因素各有其特有的作用，连续的作用在于保持负荷量不下降，并维持在一定的水平上，使身体充分地受到运动的作用。

连续锻炼时间的长短，同样要根据负荷有效价值范围而确定，通常认为在140次/分左右心率下连续锻炼20~30分钟，可使机体的各个部位都长时间地获得充分的血液和氧的供应，因而能有效地发展有氧代谢能力。实践中，用于连续锻炼的主要是那些比较容易，并已为锻炼者所熟悉的动作，如跑步、游泳等。

（四）循环锻炼法

循环锻炼法由几个不同的练习点（或称作业站）组成，练习者按照既定顺序和路线，依次完成每点练习任务。即一个点上练习完成后，练习者就迅速转移到下一个练习点进行练习，所有练习点完成，就算完成一次循环。这种练习方法就叫循环锻炼法。

循环锻炼法对技术的要求不高，且各项目都采用比较轻度的负荷练习，因此练习起来既简单有趣味，又可获得综合锻炼，从而达到全面发展的良好效果。

（五）变换锻炼法

通过不断变换运动负荷、练习内容、练习形式以及条件，来提高锻炼者的积极性、适应性及应变能力的方法称为变换锻炼法。

变换锻炼法可以有效地调节生理负荷，提高兴奋性，强化锻炼意向，克服疲劳和厌倦情绪，以达到提高锻炼效果的目的。例如，刚参加锻炼时，可多做些诱导性练习和辅助性练习；随着锻炼水平的提高，再加大练习的难度。或用越野跑代替在田径场的长跑等。锻炼条件的变化可使锻炼者的大脑皮质不断地产生新异的刺激，从而提高机体对负荷的承受能力，提高锻炼效果。另外，不断地对锻炼内容、时间、动作、速率等提出新的要求，可有效调节生理负荷，使机体不断产生适应性变化，从而达到更好的锻炼目的。

（六）负重锻炼法

负重锻炼法是使用杠铃、哑铃、沙袋等重物进行运动来锻炼身体、增强体力的方法。负重的方法，既用于普通人为增强体质锻炼身体，又用于各项运动员进行身体训练，还可用于身体疾患的康复。

常人增强体质所进行的负重锻炼，应该采用最大摄氧量和最大心排血量的负荷，因为过大的负荷可能给心血管和呼吸系统带来不良的影响。为了保证这种锻炼方法对身体的良好作用，在健身运动负荷价值范围内可以多次重复或连续。

（七）其他方法

1. 民族体育项目锻炼法

民族体育项目是指具有民族传统和民族特点的体育项目。

（1）武术。武术运动不受场地、器材、条件等因素的限制，运动量可大可小，内容丰富多彩，是我国的优秀文化遗产。武术的动作结构、技术要求、运动风格和套路特色各有不同，有较大的锻炼价值，适合不同年龄、性别和体质的人进行锻炼。

初学武术，应从基本功入手，学会简单的套路，边学套路边练基本功，经过一段时间练习后再学较复杂的套路和器械，然后再学对练。这样就能培养锻炼者的兴趣、爱好，并逐步提高和巩固武术的技术水平。

（2）太极拳。太极拳是一种合乎生理规律的柔和、缓慢而轻灵的拳术。它不仅在我国流传甚广，在国外也广为传播，现已成为人们增进健康的医疗体育项目之一。

太极拳动作圆滑协调，连绵不断，前后贯通，上下相连，虚实分明，重心稳定，意识引导动作，呼吸自然。久练之后，全身血液畅通，身心舒畅，且其内外兼修，形神具备，使人精神焕发。

2. 自然因素锻炼法

人们赖以生存的自然界是千变万化的。同时，自然界包含许多对人体健康十分有益的因素。人体不仅要适应外界环境的变化，还应该利用各种自然条件进行锻炼，以进一步提高对外界的适应能力，增进健康和增强体质。

（1）日光、空气、水对锻炼身体的影响。日光、空气、水等自然条件，对身体健康具有重要意义。日光，对机体的作用是多方面的，例如紫外线既具有杀菌、抗佝偻病等作用，又能提高皮肤抵抗力和关节的活动性。红外线能起温热作用，提高新陈代谢、改善组织营养等。又如温度、湿度、气流对皮肤的刺激,特别是低温的刺激,通过神经的反射作用,可改善体温调节系统,促进血液循环。特别是空气中的阴离子,对人体神经系统、血液循环、呼吸及内分泌活动等,都能产生良好的刺激作用。因为机体对外界环境具有巨大的适应性,变化了的环境条件作用于机体,大脑皮质立刻进行调节,使机体适应变化了的外界环境,保持机体与环境在新的条件下的平衡。新的刺激,又形成新的反射,从而进一步提高机体的适应能力。

人们在生活中接触日光、空气、水的机会很多,由于城市中阳离子含量高,阴离子含量少,因此应该多组织一些野外活动。

水浴,主要是利用水的温度、机械力和化学作用来锻炼身体。水浴可以分为冷水浴、温水浴和热水浴。温水浴能起降低神经的兴奋性、减弱肌肉张力、扩张皮层血管等作用,能加速消除疲劳。而热水浴较之温水浴,这些效果会更加明显。冷水浴对增强心血管系统和呼吸系统效果显著,还可以促进消化系统功能以及改善体温调节机能。另外,冷水浴不仅能提高新陈代谢机能、洁健皮肤、增强体质,而且能提高抵抗疾病的能力以及锻炼意志,为适应低温严寒的自然环境创造十分有利的条件。

(2)冷水浴锻炼方法。冷水浴锻炼应从夏天开始,每周至少练习两次,时间以早晨为好。具体锻炼方法如下:

冷水洗脸与洗足。初练冷水浴,可以从冷水洗脸与洗脚开始,特别是洗脚,可以提高对冷刺激的适应能力。最好每天晨起用冷水洗脸,睡前用冷水洗脚,洗后擦干。

冷水擦身。冷水擦身伴随按摩动作,对初练者更为适宜。在擦身过程中,要不断地把毛巾浸泡在冷水中拧干再擦。擦身可作为淋浴、浸浴、冬泳的过渡。也可单练擦浴,每天最好在睡前进行。

淋浴与冲洗。淋浴的水温开始不要过低,在锻炼过程中可逐步降低,最后用冷水冲洗。冲洗前先用冷水拍打胸部,再淋上肢,然后从头向全身冲淋,时间不要超过1分钟。经过一段时间锻炼后,再逐步延长时间,每天早晚均可进行,从夏秋开始,淋浴后用干毛巾擦遍全身。

浸浴。浸浴在室内外均可进行,浸浴前先用冷水拍胸,浸水后用毛巾不断摩擦全身，特别是胸腹部要用力擦。浸泡时间根据个人情况而定，以不出现寒战为度。浴后用干毛巾擦腰、肩、膝关节部位，擦到发热为止。

冬泳。冬泳在天然水域进行，是日光、空气、水的综合利用，也是冷水浴锻炼的最好形式。下水后不能停止活动，可以进行一定强度的游泳活动，然后再在水中擦摩全身。冬泳的时间应根据个人锻炼的基础而定，以不出现寒战为标准。由于冬泳能量消耗大，每天进行时间不宜过长，并要适当控制运动量。出水后应迅速擦干擦热全身，并立即穿衣。

在进行冷水浴时，要注意以下事项：浴前要做好充分的准备活动，使身体发热；浴后要做适当整理活动，尽快恢复温暖感觉；各种形式的冷水浴，都应从温暖季节开始，一经开始就要坚持，以免减弱效果，淋浴、浸浴、冬泳若因故中断，重新开始时，最好经过一个时期的擦浴后再继续进行；饭前饭后 1 小时内，不宜进行冷水浴，否则，将影响消化；剧烈运动和劳动后，体温较高，不宜立刻进行冷水浴，要适当休息后再进行；如有发热、急性或亚急性疾病，严重的心脏病，严重的肺结核等病症，不宜进行冷水浴。

三、体育锻炼的计划

（一）体育锻炼计划的结构

对于每一位锻炼者来说，只有制订一个合理科学的体育锻炼计划才能有效提高健康和体能水平。体育锻炼计划应适合个人需要，它一般包括健康与体能现状、锻炼目标、锻炼模式、措施与要求等四部分：

1. 了解健康与体能现状

在制订锻炼计划前，锻炼者有必要了解自身的健康与体能状况。这有助于制订符合自身实际状况的锻炼计划，有的放矢地选择锻炼方法和手段来改善身体和体能的不足之处。

2. 确定体育锻炼目标

确定锻炼目标是制订锻炼计划的重要环节，目标能促使锻炼方案的实施，而达到目标后又能进一步提高锻炼者的自信心，使之坚持体育锻炼。在设置个人锻炼目标时，应遵循以下四点原则：

（1）设置目标要有针对性，针对自身健康和体能的薄弱环节设置锻炼目标。

（2）设置目标必须是现实的，也就是说通过努力能达到锻炼目标。

（3）目标设置应包括短期目标和长期目标。短期目标的设置很关键，因为短期目标比较容易实施，也易实现。

（4）根据总体锻炼目标，还应设置体育锻炼各个阶段的分目标，即起始阶段目标、渐进阶段目标、保持阶段目标，从而保证总体目标顺利实现。

3. 选择体育锻炼模式

体育锻炼模式包括锻炼方式、锻炼频率、运动强度、持续时间等。

（1）锻炼方式。每一位锻炼者都要选择适合自己的运动项目作为锻炼的方式。

（2）锻炼频率。锻炼频率指每周锻炼次数，一般来讲每周应锻炼3～5次。

（3）运动强度。运动强度是指锻炼时人体承受的生理负荷量。运动强度应根据锻炼者自身健康和体能状况以及所进行的运动类型来确定。

（4）持续时间。锻炼持续时间是指每次锻炼用在主要锻炼内容的总时间。锻炼持续时间不包括准备活动和整理活动时间。

将锻炼过程划分三个阶段，即起始阶段、渐进阶段、保持阶段。在各个阶段应合理安排锻炼的强度、频率和持续时间。

4. 措施和要求

措施和要求主要是指保证体育锻炼计划顺利实施的措施和安全告诫。

（二）体育锻炼计划的制订

制订体育锻炼计划，目的在于使自己的学习、工作和锻炼有一个科学合理的安排，做到德、智、体全面发展，避免盲目性和片面性。同时也便于检查锻炼效果、总结锻炼经验。

1. 制订锻炼计划的依据

（1）从实际出发。在制订计划时，要考虑主观因素和客观因素。如根据年龄、性别、体质、锻炼基础、场地、器材、气候、时间等因素，制订出切实可行的计划。通过反复实践，不断修改充实，使锻炼计划更科学、更完善。

（2）全面锻炼、循序渐进。在制订计划时，必须根据自己的体质条件、素质水平等，既要注意全面发展，又要注意自己的特点和弱点；既要考虑自己的爱好，又要注意锻炼的效果。在锻炼计划的内容安排上应遵循由简到繁、由易到难的原则；在运动量的安排上应遵循从小到大、逐步增加的原则，做到既科学又全面，既达到增强体质的目的，又不影响学习与工作。

（3）自我监督和医务监督。在制订和实施锻炼计划时，要注意自我监督和医务监督，最好能写锻炼日记，以便及时发现问题，及时加以调整，使锻炼计划不断完善、锻炼效果不断提高。

2. 体育锻炼计划的内容

体育锻炼计划一般可分为长远计划、阶段计划、每周计划和每次计划。

（1）阶段计划内容。确定阶段计划的时间：对学生来讲，最好以学期为阶段，这样便于安排和检查。

阶段计划的任务和要求：根据每个人的情况，确定每个阶段的锻炼任务，如田径项目中的短跑、球类项目中的足球等。同时明确要求，便于检查。

阶段计划的内容和办法：根据自己的爱好和特长，结合季节的气候特点，逐项进行安排，并提出具体的实施办法。

阶段计划的锻炼时间：根据课表安排，确定何时锻炼。

阶段计划的检查措施：要制订出切实可行的检查措施及成绩考核办法。

（2）每周计划内容。周次锻炼的任务和要求：确定本周主要发展的身体素质，以及与学习相关的基本知识等。

周次锻炼时间：确定早操与课外体育锻炼的次数及每次锻炼的时间。

周次检查措施：星期六下午安排一定时间写锻炼日记。

（3）每次计划内容。确定内容：根据每周计划确定每次的锻炼项目，拟定练习的具体动作和方法、练习的时间和重复次数等。

科学分配和安排：在具体安排练习时，一般先安排重点项目。就身体素质而言，先练习速度和灵敏项目；就运动量而言，先小后大；就技术而言，先易后难；就锻炼部位而言，上下肢搭配；若有类似项目，应当间隔练习。

实施办法：主要是写出每次锻炼计划表，包括准备活动、主要内容和整理活动三个方面，并合理安排时间。随着体育锻炼的持续进行，体质也会逐步增强。因此，在负荷安排上，也应逐渐增加，不能总停留在同一运动负荷上。

3.体育锻炼的内容与形式

体育锻炼的内容丰富，形式多种多样。在学校，体育锻炼内容分为体育竞技类（如篮球、排球、足球、乒乓球、羽毛球、网球等）、传统保健体育类（如武术等）和娱乐体育类（如登山、郊游等）以及各种健身操、健美操、体育舞蹈等。体育锻炼的组织形式分为早操、课间操、课外体育活动和运动竞赛等。

科学地选择体育锻炼的内容，是获得良好体育锻炼效果的重要环节。

（1）体育锻炼内容的选择以个人的身体特点、兴趣及需要为依据。人的个体差异很大，在选择锻炼内容时要考虑年龄、性别、身体条件、运动基础、健康状况和兴趣以及需求等方面。首先确定锻炼的目的，即是健身健美还是提高运动水平，是为了娱乐、保健还是促进身体的正常发育，然后选择符合锻炼目的并适合自己的运动项目与形式进行锻炼。

（2）体育锻炼的内容应方便实用。体育锻炼应考虑实际条件，因时、因地进行一些既实效性强又简便易行的体育锻炼内容。所谓因时制宜，就是要根据季节气候的变化，合理安排适宜的运动项目；所谓因地制宜，就是要从实际出发，充分利用现有的场地、设备、器材等。

第五章

高校体育科学化锻炼与素质发展

第一节　体育锻炼与力量素质发展

一、力量训练的主要方法

（一）发展最大力量

（1）巴罗加式极限强度负重训练法。巴罗加式极限强度负重训练法主要是通过极限强度负荷增强来有效刺激机体神经系统，适用于高水平运动员的力量训练，有利于提高相对力量。巴罗加提出了四种不同的负重训练方式。每种方式以训练课为单位进行变化。训练方式的选择，主要取决于运动员的练习效果。

（2）阶梯式极限强度负重法（保加利亚"循序渐进"训练法）。阶梯式极限强度负重法主要用于精英运动员的最大力量训练。这一训练法对训练强度较为重视，具体来说，就是几乎每周、每天和每个练习都要求接近、达到甚至超过本人当天的最高水平，然后减10千克做2组，再减10千克做2组，随后又开始递增重量，直至当天最大重量，最后再递减重量。

（3）静力性力量训练法。静力性力量训练法曾被广泛应用，后来逐渐减少。静力收缩对肌肉耐力作用效果不明显，但对发展最大力量有积极的作用。静力性训练有三种方式：①在某一关节角度，承受高于运动员本人潜力的重量；②针对特制的固定物用力推、顶、拉；③一侧肢体用力，另一侧肢体相抵。

进行静力性最大力量训练时，优秀运动员的训练强度为最大力量的80%～100%，收缩持续最长时间为12秒。初学者和未经过专门训练的运动员应以较小的刺激强度和6～9秒的持续收缩时间进行练习。此外，停止静力性力量训练后，经训练所获得的最大肌肉力量大约在30周以内可完全消失。若每6周进行一次训练，肌力下降趋势缓慢，需60周以后才会完全消失。

（4）电刺激力量训练法。电刺激力量训练法是一种新的"非负荷"性的最大力量训练方法。用这种方法两周后，可增加肌力20%左右，尤其在训练后紧接着进行电刺激，效果更好。

"在高校体育教学过程中，体育教师可以引导并鼓励学生使用核心力量训练的基础方法，让学生在进行核心力量训练的过程中，切实体验到核心力量训练对于增强自己身体素质、增强体育运动技能的重要作用，以增加学生对于核心力量训练的兴趣与认同感，促使学生积极主动地参与到体育运动中，并将核心力量训练运用于体育运动实践中"。[①]

（二）发展速度力量

速度力量的决定因素是肌肉收缩速度。许多运动项目都是在快速节奏或爆发用力的情况下完成的。

1. 爆发力的训练

爆发强度是在短时间内以最大加速度克服阻力的能力。打击的力量由参与活动的所有肌肉群的联合动作决定。爆发强度是决定速度大小的因素，爆发力的增加取决于最大能量水平的发展。如果没有充分发挥最大爆发力，爆发力也不会达到很高的水平。因此，爆发力训练方法适合爆发力发展。爆发力训练的一个重要方面是训练中使用的主要冲动。这与进行的锻炼类型和力量大小密切相关，例如：在跑步时，运动员的腿部力量冲动是其体重的3.5倍。因此，爆发力训练的主要动机是加速。在非间歇运动（如跳远、投掷）中，爆发力是取得好成绩的关键因素。在间歇性事件（如快速运行）的情况下，爆发力会快速重复。因此，应根据每个

---

① 吕艳丽.高校体育教学中核心力量训练的运用现状与方法研究[J].当代体育科技，2019，9（36）：16.

项目的特点进行爆发力训练。

2. 反应力的训练

反应力是指运动着的人体迅速制动，并以很高的加速度朝相反方向运动的能力。弹跳反应力的训练内容：最大速度做原地多次纵跳、跨步跳、负重连续跳、单足跳、多级蛙跳等。击打反应力的训练：利用手势让同伴做出准备、进攻的动作，令运动员快速做出反应。反应力有两种主要类型：一种是以跳跃为主的弹跳反应力；另一种是以击打、鞭打、踢踹为主的击打反应力，两种收缩形式的区别在于各种刺激之间的关系。在典型的深度跳跃响应模型中。伸展是因为正在减慢向下运动的身体受到重力的推动。人们通常将其称为等长运动。肌肉拉伸是由相反肌肉的力量引起的。这种拉伸的肌肉不起作用。因此，伸展和收缩的循环比深跳要慢得多。

二、力量训练的基本内容

（一）肩部力量训练

（1）胸前推举。

方法：两手持铃将杠铃翻起至胸部，然后立刻上推过头顶，再屈臂将杠铃放下置于胸部，再上推过头顶，反复练习。

作用：主要发展三角肌侧前部肌肉，以及斜方肌、前锯肌、肱三头肌力量。

（2）颈后推举。

方法：站直，打开肩膀向后举起杠铃。然后将杠铃滑到脖子后面，直到你的手臂伸直，重复这个过程；可以在锻炼时坐着，或者使用宽握或紧握。

作用：基本同胸前推举。

（3）翻铃坐推。

方法：同时握住身体前方的杠铃，使其降至胸部。再用双手将杠铃稍微举过头顶。然后轻轻地降低脖子后面的杠铃，将杠铃从脖子后面推至头顶，最后慢慢将杠铃推到身体前方的下胸。

作用：主要发展三角肌群和斜方肌力量。

(4)两臂前上举。

方法：两手正握杠铃，与肩同宽。向上提起杠铃至头顶高举。上举时肘关节外展，杠铃始终保持在距脸部30厘米处。

作用：主要发展三角肌侧部力量。

(5)直臂前上举。

方法：两脚自然分开，身体直立，两臂下垂同肩宽持铃，直臂向上举起杠铃。也可用哑铃或杠铃片进行练习。

作用：主要发展三角肌前部、斜方肌、前锯肌、胸大肌力量。

(6)持铃侧上举。

方法：两脚分开，自然站立，两手持哑铃（或杠铃片）置于肩部，上举过头顶后，两臂慢慢展开，掌心向下成侧平举。

作用：主要发展三角肌前侧部及斜方肌、前锯肌力量。

(7)快推。

方法：两脚左右开立，两手持哑铃置肩部，两手交替快速向上推举或同时上推。

作用：主要发展三角肌、斜方肌力量。

(8)直臂绕环。

方法：身体直立，两臂下垂持哑铃或杠铃片，做胸前直臂绕环，也可做仰卧直臂绕环。

作用：主要发展肩关节周围肌肉力量。

（二）臂部力量训练

1.上臂力量训练

(1)颈后臂屈伸。

方法：身体直立，两臂上举反握杠铃（也可正握，但反握比正握效果好），握距同肩宽，做颈后臂屈伸动作。

作用：主要发展肱三头肌力量。

(2)颈后伸臂。

方法：一腿在后直立，另一腿在前。两手各握拉力器一端置颈后，两肘外展，两臂用力前伸使两臂伸直。

作用：主要发展肱三头肌上部和外侧部力量。

（3）弯举。

方法：身体直立，反握杠铃，握距同肩宽，屈前臂将杠铃举至胸前。可坐着练习，也可用哑铃等器械练习。此外，也可采用仰卧弯举、肘固定弯举、斜板哑铃弯举进行练习。

作用：主要发展肱二头肌、肱肌、肱桡肌等力量。

（4）双臂屈伸。

方法：不负重或脚上挂重物、捆上沙护腿、穿上沙衣等，在间距较窄的双杠上做双臂屈伸。

作用：主要发展肱三头肌、胸大肌、背阔肌力量。

2. 前臂力量训练

前臂力量训练主要采用少组数（3～5组）、多次数（16次以上）、组与组之间间歇很短的练习方法。

（1）腕屈伸。

方法：身体直立，两手反握或正握杠铃做腕屈伸，前臂固定在膝上或凳子上，腕屈伸至最高点，稍停顿，再还原。

作用：主要发展手腕和前臂屈手肌群和伸手肌群力量。

（2）旋腕练习。

方法：身体直立，两臂前平举，反握或正握横杠，用屈腕和伸腕力量卷起重物。

作用：主要发展前臂屈手肌群和伸手肌群力量。

（三）胸部力量训练

（1）颈上卧推。

方法：仰卧于卧推架上，可采用宽、中、窄三种握距，手持杠铃或哑铃，先屈臂将其放于颈根部，两肘尽量外展，将杠铃推起至两臂完全伸直。

作用：主要发展胸大肌上部、肱三头肌和三角肌力量。

(2)斜板卧推。

方法：仰卧在倾斜的板上，慢慢将杠铃降低到胸部中央，保持肘部与身体成90°。再快速有力地举起杠铃。然后以恒定的节奏重复练习。这个动作也可以用哑铃练习。

作用：主要发展胸大肌下部、肱三头肌和三角肌力量。

(3)仰卧扩胸。

方法：仰卧在练习凳上，两手各执一哑铃做向体侧放低与上举动作，可稍屈肘，充分扩胸；上举时臂伸直。

作用：主要发展胸大肌、三角肌和前锯肌力量。

(4)直臂扩胸。

方法：身体直立，两手各持一个哑铃或杠铃片，先直臂向胸前与肩关节成水平位置举起，然后直臂向两侧充分扩胸。

作用：向前主要发展胸大肌、三角肌前部和前锯肌力量；向后主要发展背阔肌、三角肌后部和斜方肌力量。

(5)直臂侧下压。

方法：两臂侧上举各握住一拉力器，然后用胸大肌和背阔肌力量做直臂侧下压，反复练习。

作用：主要发展胸大肌、背阔肌力量。

(6)宽撑双杠。

方法：降低下颌，弯曲背部，脚趾向前。双手放在一个宽大的平行杠上，看着脚趾。弯曲手臂以降低身体。然后将双臂向两侧展开以支撑身体。弯曲手臂，尽量降低身体。

作用：主要发展胸大肌下部、外部肌肉，以及肱三头肌、三角肌、前锯肌力量。

(7)俯卧撑。

方法：在平坦的地板或俯卧架上做俯卧撑，双臂分开与肩同宽。然后弯曲手臂，将躯干降到最低。伸出双臂支撑身体。伸展手臂时挤压肘部，并向上和向下伸直身体。

作用：主要发展胸大肌、肱三头肌、三角肌及前锯肌力量。

（四）腹部力量训练

（1）仰卧起坐。

方法：在仰卧凳上或斜板上，两足固定，两手抱头，然后屈上体坐起，再还原，反复进行。

作用：主要发展腹直肌、髂腰肌力量。

（2）半仰卧起坐。

方法：躺在地板上或练习凳上。双手握住哑铃放在脑后。弯曲膝盖，然后上半身向前向上滚动。练习时，需注意，上半身抬起时，下背部和臀部不能抬离地板或长凳。深吸一口气，放松并呼气，两次收缩之间暂停2秒。还可以将重量放在上胸部以进行更多训练。

作用：主要发展腹直肌上部力量。

（3）蛙式仰卧起坐。

方法：仰卧垫上，两脚掌靠拢，两膝分开，两手置头后，向上抬头，使腹肌处于紧张收缩状态，2秒后还原重新开始。

作用：主要发展腹直肌力量。

（4）仰卧举腿。

方法：卧仰在斜板上，两手置于身体两侧握住斜板，然后两腿伸直或稍屈向上举至垂直。

作用：主要发展腹直肌、髂腰肌力量。

（5）悬垂举腿。

方法：两手同肩宽，上举握住单杠，身体悬垂，然后两腿伸直或稍屈向上举至水平位置，反复练习。

作用：同仰卧举腿。

（6）仰卧侧提腿。

方法：仰卧垫上，然后侧提右膝碰右肘，触肘后停1秒。然后侧提左膝碰左肘，反复练习。

作用：主要发展腹内、外斜肌力量。

(7)屈膝举腿。

方法：仰卧垫上，屈膝，两踝交叉，两掌心朝下放在臀侧。然后朝胸的方向举腿。直到两膝收至胸上方，还原后重新开始。

作用：主要发展腹直肌下部力量。

(8)举腿绕环。

方法：背靠肋木，两手上举正握肋木悬垂，两腿并拢向左右两侧轮换举腿绕环，反复进行。

作用：主要发展腹直肌、腹内外斜肌力量。

（五）背部力量训练

(1)高翻。

方法：两脚站距约同肩宽，双手正握杠铃，握距同肩宽，将杠铃提起至大腿中下部迅速发力，翻举至胸部，还原后反复练习。

作用：主要发展背阔肌、斜方肌、骶棘肌力量。

(2)持铃耸肩。

方法：身体直立，正握杠铃，然后以肩部斜方肌的收缩力，使两肩胛向上耸起（肩峰几乎触及耳朵），直至不能再高为止。

作用：主要发展斜方肌力量。

(3)俯立划船。

方法：上体前屈90°，抬头，正握杠铃。然后两臂从垂直姿势开始，屈臂将杠铃拉至小腹，还原后重新开始。

作用：主要发展背阔肌上、中部以及斜方肌、三角肌力量。

(4)俯卧上拉。

方法：俯卧练习凳上，两臂悬空持杠铃，两臂同时将杠铃向上提起，稍停，再还原，反复进行。

作用：主要发展背阔肌、斜方肌、三角肌力量。

(5)直腿硬拉。

方法：直腿站立。躯干向前弯曲，腰部挺直，手臂伸直，用宽握或窄握握住杠铃。然后伸直臀部，挺直身体，举起杠铃，直到身体伸直。重新开始后，每组练习2~5次。

作用：主要发展背阔肌、斜方肌、臀大肌以及股二头肌、半腱肌、半膜肌、大收肌等伸展躯干和伸髋的肌肉力量。

（6）颈后宽引体向上。

方法：宽握距正握横杠悬空，然后迅猛地将身体拉起，直到颈背部高过横杠，反复练习。

作用：主要发展背阔肌、斜方肌、冈下肌、小圆肌、大圆肌、肱肌力量。

（7）直臂前下压。

方法：与直臂前上举相反，两臂前上举握住拉力器，做直臂前下压，反复练习。

作用：主要发展背阔肌、三角肌后部及胸大肌力量。

（六）腰部力量训练

（1）山羊挺身。

方法：调整好罗马椅之后，双脚贴在器械下端的位置，双腿绷直，身体趴好，双手放在两侧肩上方。颈部连同身体挺直，准备时，吸气。然后慢慢下腰，此时呼气，身体下放至与地面水平或底部，用腰部力量再挺直身体。

作用：主要发展伸展躯干和伸髋的肌肉力量。

（2）负重弓身。

方法：双手握住杠铃放在颈后。站直，双脚分开与肩同宽，腰和腿向上伸展。慢慢向前倾斜上半身。向后摆动臀部（像弓一样）以保持躯干高度，然后伸直身体。可以伸直双腿或将双腿弯曲成弓形。

作用：主要发展骶棘肌、斜方肌、臀大肌、股二头肌、半腱肌、半膜肌、大收肌力量。

（3）负重体侧屈。

方法：身体直立，两腿开立约与肩宽，肩负杠铃做左右体侧屈。练习时速度不宜太快，反复进行。

作用：主要发展骶棘肌、斜方肌、臀大肌、股二头肌、半腱肌、半膜肌、大收肌力量。

（4）俯卧两头起。

方法：俯卧在垫子或长凳上，两臂前伸，两腿并拢伸直。两臂和两腿同时向上抬起，腹部与坐垫成背弓状，然后积极还原。

作用：主要发展伸展躯干和伸髋的肌肉力量。

（七）腿部力量训练

（1）颈后深蹲。

方法：上体正直，挺胸别腰，抬头，两手握杠将杠铃置于颈后肩上。做动作时保持腰背挺直，抬头收腹，平稳屈膝下蹲。

作用：除主要发展股四头肌、股二头肌、臀大肌力量外，还能有效地发展伸髋肌群力量。

（2）胸前深蹲。

方法：上体正直，挺胸别腰，抬头，两手握杠将杠铃放置两肩胛和锁骨上，平稳屈膝下蹲。其余要领同颈后深蹲。

作用：基本同颈后深蹲，但前蹲由于胸部所受的压力较大，因此能更有效地发展伸膝肌群和躯干伸肌的力量。

（3）半蹲。

方法：正握杠铃于颈后肩上，挺胸别腰，屈膝下蹲，近水平位置时，随即伸腿起立。其余要领同颈后深蹲。

作用：发展伸膝肌群力量与躯干支撑力量，特别是股四头肌的外、内侧肌，股后肌群和小腿三头肌。

（4）半静蹲。

方法：颈后或胸前持铃屈膝下蹲至大腿水平部位，保持这个姿势，或做好半蹲姿势对抗不动物体，静止6～12秒。也可根据动作结构和需要，换不同角度来做。

作用：主要发展伸膝肌群力量和躯干支撑力量。

（5）腿举。

方法：仰卧于升降练习架上，两脚蹬住练习架做腿屈伸动作。练习时可采用不同的速度（快、中、慢）和两脚间距（可膝脚靠拢，也可分开）进行。

作用：主要发展股四头肌、臀大肌、股二头肌、半腱肌、半膜肌、大收肌、小腿三头肌和屈足肌群力量。

（6）负重伸小腿。

方法：坐在练习器的一端。用双手抓住大腿两侧。股四头肌收缩将腓肠肌斜向上拉。拉伸小腿时，上身略微向后倾斜，尽可能伸展双腿。双腿完全伸展后，保持2秒，然后放松，重新开始。

作用：主要发展大腿前部肌群力量。

第二节　体育锻炼与速度素质发展

速度是运动员的基本素质之一，在体能训练中起着重要的作用。虽然有些体育赛事并不比速度，但速度也对运动表现有直接影响。

一、速度训练的主要方法

（一）反应速度训练

反应速度主要利用各种信号（枪声、掌声、口令等声响）刺激练习者，使其做出快速反应。其练习的基本方法有以下方面：

（1）信号反应训练。信号反应训练对各种信号做出反应动作，这种方法适合于短跑项目及初学者。

（2）运动感觉反应训练。运动感觉反应训练是一种心理训练方法，通过提高时间感知能力，进而提高反应能力，此法适合于中长跑项目，其具体步骤为：

第一，对信号快速做出应答后，由教练员告知反应时间。

第二，对信号快速做出应答后，教练员要求运动员自己报出估计的时间，然后教练员再告诉其准确时间，核对误差。

第三，要求运动员按事先确定的时间完成动作或跑完一定的距离。

（3）选择性信号反应训练。选择性信号反应训练要求运动员按事先确定的信号做出正确的选择,或按相反口令、相反动作完成选择性的反应训练。

(二)动作速度训练

1. 重复法

规定最大速度指数的重复方法。在移动速度训练中显示最大速度指数,并且强制性重复,例如快速重复的轻杠铃推举。

变化训练程序的重复法。变化训练的程序是指在速度训练中适当改变速度和加速度,并以适当的比例与程序相结合。虽然在一定的最大速度下进行训练是提高运动速度的重要因素,但重复如此,会创造一个动态的固定模式。因此,在最高速度指标和重复练习时,要使训练计划按一定的方式变化,使运动员对练习的速度变得陌生,以培养更好的移动速度。

2. 比赛训练法

比赛训练法是指在竞争条件和要求下,营造竞争氛围和环境的开放式训练方式。显然,在使用比赛训练法训练动作速度时,练习者的心理和情感不同于其他训练方法。大多数练习者都表现出高度的兴奋。研究表明,使用竞技训练方法会显著增加运动前人体的血糖和乳酸水平,这有助于身体更好地运作。兴奋也会对交感神经系统产生影响,延迟疲劳的发生,使人体能够成功地以高强度进行训练。在比赛训练法中,神经系统处于非常温和的兴奋状态。这有助于发展交换兴奋和抑制神经过程的能力。

3. 游戏法

游戏法是指采用游戏的形式进行速度训练的一种方法。"速度障碍"是由于在速度训练时反复进行某一动作的训练。这种多次重复的训练形成动作的动力定型,使动作的各种指标比较稳定。使之在动作的空间特征和时间特征上,如动作的幅度、方向,动作的速度和频率都相对稳定,形成所谓的"速度障碍"。防止"速度障碍",要突出速度力量的训练,采用多种训练手段,如游戏、球类等活动。例如,100米跑要达到预定的成绩,既可以通过专门短跑训练来达到,也可以通过全面身体练习并把重点放在速度力量的训练上来达到。

二、速度训练的基本内容

（1）原地快速高抬腿跑训练。

方法：直立于一平坦的场地上，原地两腿交替做快速高抬腿跑10～30秒。

作用：发展动作速度和移动速度。

要求：高重心、高频率，两臂配合摆动，以尽可能快的速度抬起。

（2）快速蹲起训练。

方法：练习者全部蹲下，听信号快速蹲起。

作用：发展反应速度和动作速度。

要求：尽可能快地蹲起。

（3）快速站起训练。

方法：仰卧草坪或垫子上，当有信号发出后，两手撑地，快速站起，多次重复。

作用：发展反应速度和动作速度。

要求：动作完成要快速、连贯。

（4）快速"两头起"训练。

方法：练习者俯卧草坪或垫子上，听信号后立即向上抬臂、抬头、挺胸、双腿后上举，呈"两头起"。

作用：发展动作速度和腹肌力量。

要求：上体和腿两头快速抬起。

（5）快速体前屈训练。

方法：仰卧草坪或垫上，听信号后上体前屈，两臂前伸，胸贴近大腿呈快速体前屈。

作用：发展动作速度和腰腹肌力量。

要求：上体快速抬起。

（6）仰卧高抬腿训练。

方法：仰卧草坪或垫上，听信号后快速高抬腿，每组15～30个，多次重复。

作用：发展移动速度和动作速度。

要求：高抬腿时动作要快，足尖勾起。

(7)对号追击训练。

方法：两队相距1~2米，事先预定一队为奇数号，另一队为偶数号，教练员喊"1"号，喊到者逃跑，另一队追击，在练习中可改变数号。

作用：发展和提高反应速度和动作速度。

要求：全神贯注听号，选择追击与逃跑，训练快速反应、判断能力。

(8)快速起训练。

方法：仰卧，抬头平视，听信号后，快速蹲起或跳起。

作用：发展反应速度和动作速度。

要求：快速从俯卧状成起立姿势。

(9)节奏跳训练。

方法：练习者站于沙坑中或草坪上，当喊口令一、二或一、二、三的最后一个节拍时用力高跳起。

作用：发展动作速度和下肢快速力量。

要求：前脚掌着地，蹬地要快，最后一个节拍时用力。

(10)转身跑训练。

方法：练习者在向前跑时，听到口令转身90°、180°、360°时转身跑。

作用：发展反应速度和动作速度。

要求：听口令后迅速转身。

(11)单臂支撑起跑。

方法：单臂支撑做好起跑的预备姿势，听到信号后，身体向左或向右转体180°，迅速起跑。

作用：发展反应速度和动作速度。

要求：控制好起跑方向和身体平衡。

(12)变向跑。

方法：练习者在向前跑进中，听到事先规定好的信号后，改变跑进方向。

作用：发展反应速度和动作速度。

要求：练习者快速做出反应。

第三节　体育锻炼与耐力素质发展

耐力是指生物体长时间工作以克服工作时的疲劳的能力。它是运动员身体素质的关键指标之一，任何运动都需要恒定的耐力水平。对于一些运动，如中长跑和竞走等田径技术水平和比赛成绩的提高通常取决于耐力水平的提高。"科学实验表明，长期进行耐力素质训练可以使神经兴奋与抑制、传导与反应等机能都得到明显加强与改善；可以使人的精力充沛，精明果断，动作迅速，准确有力；同时还可以使人体对外部刺激的反应能力得到明显提高"。[1]

一、耐力训练的主要方法

（一）间歇训练法

间歇训练法对速度耐力和短跑耐力水平影响较大。周期性的方法包括所有的休息方法，如慢跑或步行。放松练习也是其中的一部分。当心率恢复到 120～130 次/分，开始下一个锻炼。

这是因为间歇训练法是运动员身体还未完全恢复时的下一个练习。它对身体有以下影响：

（1）有效提高人体每分钟的恢复水平，增加心肌收缩力和心排血量。

（2）有效改善人体的呼吸功能，尤其是最高摄氧量。

（3）适用于压力时间相对较长、压力强度相对较低的长跑或中长距离跑。间歇性运动方法可以有效提高有氧消化能力和糖原的有氧耐力水平。

（4）适用于负重时间相对较短、强度相对较高的中距离跑步，有时也适用于较长时间的跑步。

---

[1] 马骉.有关高校体育训练中提高耐力素质的研究[J].品位·经典，2020（12）：158.

（二）持续负荷法

许多耐力运动（如划船、游泳、骑自行车、中长跑等）经常采用连续负重的方式进行越野训练，并产生很好的效果（如使用短跑）。通过变速训练，可以在运动中逐渐提高速度，例如，可以以较慢的速度覆盖前 1/3 的距离，然后将速度提高到略低于中等强度的水平，并且可以以中等强度覆盖最后 1/3 的距离。此外，强度可以从中间到第二高水平连续变化，如每 1～10 分钟最大运动强度后，可以交替进行中级运动，以确保在下一次增加负荷前身体稍有调整。以最高速度心率可达到约 180 次/分，恢复至约 140 次/分。脉动波状强度的交替排列对于负重训练很有用，能有效改善心脏和中枢神经系统的机能。

（三）重复训练法

重复训练法是指以给定的距离、持续时间和重量强度重复锻炼的方法。在不改变动作结构和有效载荷体积的情况下，这种训练方法的主要作用是提高无氧代谢短跑运动员的耐力水平和混合代谢中级跑者的耐力水平。

200 米、400 米等短距离跑，可以有效地发展和提高乳酸动力供应系统的水平。由于项目对高速耐久的要求，在长距离（300～500 米）反复跑一段时，身体也会产生负氧量。

中距离比赛中的短距离比赛，如 800 米比赛，无氧代谢的比例较高，跑步时需要更多的氧量。因此，在 500～1500 米内重复，不仅可以提高身体对缺氧的耐受性，还可以增加大量乳酸的积累。

长跑训练负荷高。通过反复长跑，可以提高循环和呼吸系统的机能水平。

重复训练法是比赛期间训练的主要方法，并且主要在比赛开始时使用。根据运动员的实际情况，刺激的量和刺激的强度可以在一定范围内变化。但一般情况下，刺激量和刺激强度是相对恒定的。

重复训练法的一个特点是在运动时间内心率恢复到 100～120 次/分时进行下一个运动，运动距离、运动重量和动作有明显的特点。

（四）循环训练法

循环训练是基于特定训练任务建立多个练习"站"的目标。每个"站"包含一个或多个与一般耐力发展相关的链接。为使运动员能够遵循给定的顺序和路线，为每个站设置的练习次数、方法和要求可以保持一周或数周。这是因为循环训练中下一站的锻炼是在上一站的锻炼对身体的刺激上留下了"痕迹"的基础上进行的。从第二次练习到站立，每个站的锻炼量几乎超过了前一站的负荷。

此外，许多综合速度游戏、轻重练习等也是提高综合耐力的有效途径。

（五）高原训练法

高原训练法是指在海拔较高、空气中含氧量较低的高原地区进行训练。比如我国在青海多巴、云南昆明等地都有高原培训基地。2000米左右的海拔高度可以培养运动员的有氧代谢能力，提高运动员到达高原后刻苦训练和参加激烈比赛的能力。

高原训练后运动员血液中的红细胞和血红蛋白会增加。这增加了人体向血液输送氧气的能力，同时扩张和增厚肌肉的毛细血管。因此，它大大改善了肌肉细胞的能量代谢和有氧能量供应。

二、耐力训练的基本内容

（一）间歇跑训练

方法：练习者采用快跑一段距离后，再慢跑或走一段距离的中途有间歇的跑法。跑的速度、距离与间歇时采用慢跑或走以及练习的次数，应根据练习目的而定。

作用：发展专项耐力水平。

要求：快跑的速度应使脉搏达到每分钟170～180次，中间间歇；慢跑或走时，脉搏应控制在每分钟120次左右时再重复下一次练习。

（二）持续慢跑训练

方法：练习者采用较慢速度持续跑较长的距离，发展有氧耐力。跑的速度、距离、重复次数等应根据练习目的确定。

作用：发展一般耐力，提高有氧供能能力。

要求：在持续慢跑时，心率每分钟达到150次左右为宜，以发展练习者的一般耐力。

（三）重复跑训练

方法：固定跑的距离，多次重复，进行该段距离的跑，重复跑时的速度、距离、重复次数等应根据练习目的和练习者的具体情况而定。

作用：发展专项耐力和一般耐力，提高无氧代谢能力。

要求：每次练习的间歇时间以心率恢复到100～120次/分为宜，再进行下一次练习。

（四）变速跑训练

方法：是一种按一定距离变换速度的跑法。在跑的过程中，用中等速度跑一段距离后，再以较慢速度跑一段距离。

作用：发展有氧和无氧代谢能力，提高一般耐力和专项耐力。

要求：中速跑与慢速跑交替进行相同的距离或中速跑的距离较慢速跑稍短一些，变速的交替次数依练习目的而定。

（五）越野跑训练

方法：可采用个人或结伴的形式，进行距离较长、强度较小的在野外自然环境中的跑步，在跑步中应保持正确的姿势，充分利用野外的上坡、下坡等地形，练习并发展一般耐力。

作用：发展一般耐力，提高有氧代谢能力。

要求：越野跑时应穿软底鞋，跑的距离及时间根据个人特点和练习目的确定，跑的过程中脉搏应保持在每分钟150次左右。

（六）追逐跑训练

方法：在田径场或自然环境中，多人相互追逐跑。追逐时间可选择一定的距离追逐，然后再慢跑或走，反复追逐。追逐跑的距离、速度根据练习的目的而定。

作用：发展速度耐力、无氧与有氧代谢能力。

要求：同伴之间相互保持 5~10 米的距离，用中等或较快的速度追逐对方，慢跑时应使脉搏不低于每分钟 100 次。

（七）匀速持续跑训练

方法：采用中等速度持续跑较长或一定的距离，在跑的整个过程中，保持一定的速度，用匀速跑完规定的距离。

作用：发展专项耐力，提高混合代谢能力。

要求：达到中等速度，心率保持在每分钟 150 次左右，以匀速跑一定的距离。

第四节　体育锻炼与柔韧素质发展

柔韧性是指不同关节的运动范围，主要指人体肌肉、肌腱、韧带等软组织的弹性。弹性有两层含义：一是关节活动范围的大小；二是软组织的柔韧性，如肌肉、肌腱和韧带，使关节扩张。关节的运动范围在很大程度上取决于关节本身的装置结构。跨越关节的肌肉、肌腱和韧带等软组织的柔韧性在很大程度上是通过适当的训练实现的。

灵活性在运动中非常重要。它是有效技术改进的必要基础，也是保证体育技术水平提高的根本因素之一。当弹性不好时，学习运动技能的过程会立即减慢并变得更加复杂。关节灵活性差会限制力量、速度和协调性的发挥。

一、柔韧性训练的主要方法

（一）动态拉伸运动法

动态拉伸运动法是指有节奏地、快速地将同一事物重复多次的伸展运动法。动态拉伸运动法的主要特点是在主动拉伸中，肌肉力量变化的最大值约为静态拉伸的两倍。动态拉伸是柔韧性训练方法之一，在练习弯曲和伸展运动等各种运动时使用。

动态伸展运动可以触发牵张反射，可以改善运动区域肌肉群的伸展和收缩，还可以增加运动过程中的血流量，改善肌肉、肌腱和其他局部组织的营养水平，有助于提高肌肉灵活性。

（二）静态拉伸运动法

静态拉伸运动被定义为通过缓慢运动使软组织（如肌肉和韧带）拉伸到一定程度的运动。这种方法的一个重要特点是它可以长时间刺激肌肉和肌腱的伸展。

进行静态拉伸运动时，肌肉和软组织都有一定程度的拉伸。保持静止的时间一般为8～10秒，重复次数为8～10次。伸展运动对肌肉和肌腱灵活性的发展有积极的影响，并且是训练弹性的主要方法。静态拉伸运动强度偏低，运动范围很大。这有助于保持身体的力量，并且可以轻松操作，不需要特殊的健身房和其他训练设备。

静态拉伸运动有两种形式：主动拉伸和被动拉伸。主动拉伸法是指练习者主动进行所有练习的方法。被动拉伸是一种使用外力（如设备、辅助设备、重量等）的移动性锻炼。

二、柔韧性训练的基本内容

（一）肩部柔韧训练

（1）压肩。

腿站立，体前屈，两手扶同髋高的肋木或跳马，挺胸低头（或抬头），身体上半部上下振动。

背对横马，练习者仰卧在马上，另一人在后面扶着他的肩下压。要求把肩背部置于横马末端，压肩由轻到重。

体前屈，两手后面交叉握、翻腕，向上振动。要求两臂、两腿伸直，幅度由小到大。

（2）拉肩。

背对肋木站立，两臂上举，两手握肋木，抬头挺胸向前拉肩。要求胸部前挺，肩放松，幅度由小到大。

面对低山羊做手倒立，另一人帮助前倒进行搬肩拉肩。要求手离山羊近一点，幅度由小到大。

（3）吊肩。肋木、单杠、吊环反吊悬垂。要求开始可吊起不动，然后加摆动作，肩放松拉开。

（4）转肩。

单杠、吊环收腹举腿，两腿从两臂间穿过，落下后悬垂，再还原做正悬垂。要求后悬垂时沉肩放松到极限。

单杠悬垂，收腹举腿，两腿从两臂间穿地，落下成后悬垂，松一只手转体360°成悬垂。然后换另一只手做。要求转动时肩由被动转动到主动转动，由逆时针到顺时针进行转动。

利用体操棍、竹竿或绳子、橡皮带做转肩练习，随着灵活性提高，两手间握距逐步缩短，但要注意两臂同时转，不要先后转肩。要求肩放松，用主动练习和被动练习结合起来转肩。

（二）胸部柔韧训练

（1）仰卧背屈伸。可自己独立做，也可一人压腿，运动员只抬上体。要求主动抬上体，挺胸。

（2）虎伸腰。跪立，手臂前放于地上，胸向下压。要求主动伸臂，挺胸下压。

（3）面对墙站立，两臂上举扶墙，尽量让胸贴墙，幅度由小到大。

（4）背对鞍马头站立，身体后仰。要求充分伸臂，顶背拉肩，挺胸。

（三）腰部柔韧训练

（1）甩腰。运动员做体前屈和体后屈的甩腰动作。要求幅度由小到大，充分伸展背和腹肌。

（2）仰卧成桥。仰卧开始，两手反掌于肩后撑垫挺起胸腹，两臂伸直顶肩，拉开肩成桥。也可由同伴帮助，逐步过渡到独立进行。随着训练水平提高，手和脚的距离逐步缩小。

（3）体前屈。体前屈练习方法很多，这里介绍以下几种：

①腿伸直并拢体前屈，两臂在两腿后抱拢，静止不动，停止一定时间。要求胸贴大腿。

②坐垫子上，两腿伸直，同伴助力扶背下压。还可将两腿垫高，加大难度。要求下压一定时间后，再停留一定时间抱腿。

③分腿站立体前屈，上体在两腿中间继续甩动。要求肘关节甚至头部应该向后伸出。

④运动员坐垫子，两腿分开置于30～40厘米高长凳上，运动员钻入板凳下，教练员两手按其背下压。

⑤运动员面对肋木坐下，臀部与肋木间垫实心球，两臂向上伸直握肋木，教练员在运动员背后半蹲，两手握运动员两足前摆。

（四）腿部柔韧训练

腿部柔韧训练，主要发展腿部前、侧、后的各组肌群伸展和迅速收缩的能力，以及髋关节的灵活性。

（1）压腿。压腿分正压、侧压和后压三个方向，将腿放一定高度进行练习。要求正压时髋正对腿部，侧压和后压将髋展开。

（2）开腿。开腿分正、侧、后三个方向，可由同伴把腿举起，加助力按。要求肌肉放松，不要主动对抗用力。

（3）踢腿。踢腿可扶把踢，也可行进中踢。常用踢腿方法有正、侧、后踢腿。还可采用两腿分别向异侧45°方向踢出的十字踢腿。

（4）蹁腿。蹁腿要领同正踢腿。踢左腿时，左腰要向异侧45°方向踢起，并自右经前至左划一弧形,到左侧时用右手击打脚面,踢右腿时同上法,相反方向也可做。要求每次踢腿时,膝关节一定要伸直。

(5)控腿。控腿按舞蹈基本功姿势,腿在三个方向上举,并控制在一定高度上。包括以下三种方式:

前控腿:①直腿抬起的向前控腿;②膝盖先抬起然后再伸直控腿。

侧控腿:上体正直,抬起腿,髋关节必须展开,脚掌对准体侧,臀部不能向后突。

后控腿:上体正直,后举腿的髋关节不能外旋,脚掌向上。

(6)弹腿。弹腿先将大腿向上提起控制不动,然后小腿迅速用力前踢,伸直膝关节。

(7)劈叉。劈叉前应先后劈腿,同伴帮助压后大腿根部。左、右劈腿时应将两脚垫高,自己下压或由同伴扶髋关节下压。

(五)踝关节和足背训练

通过增加脚踝和足背的柔韧性,可以提高跳跃能力。因为在小腿肌肉、比目鱼肌和足跟肌腱被拉伸后,肌肉会随着收缩而变得更强壮。

第六章

高校体育运动教学与科学化锻炼

第一节 高校体育轮滑运动教学与锻炼

一、轮滑运动的基础知识

轮滑运动是指使用各种带轮子的器材进行滑行运动的体育项目。它是社会体育和学校体育中的重要组成部分，也是竞技体育项目之一。轮滑曾经有很多汉化版本叫法，如旱冰、溜冰、滑冰、滚轴溜冰，为了规范和促进其发展，现统一称为轮滑。"在轮滑运动项目越来越受欢迎的趋势下，高校教育承担着传播轮滑运动文化，培养轮滑运动优秀人才，推动轮滑运动项目长远可持续发展的重要任务"。[1]

（一）轮滑运动装备穿戴

在进行轮滑运动时，人们非常容易忽视护具这一非常重要的装备。轮滑护具包括头盔、护掌、护肘和护膝。不同轮滑形式的护具也不尽相同，所以在购买护具时，不但要辨别护具的安全性能，还要购买特定轮滑形式的护具。正确佩戴护具不仅能有效地保护自身运动安全，还能形成良好的练习心态和敢于挑战高难动作的信心。

（1）轮滑鞋的种类和选择。轮滑鞋按照不同轮滑项目特点和功能可分为速度

---

[1] 李山. 高校轮滑教学存在问题及发展 [J]. 智库时代，2019（25）：201.

轮滑鞋、休闲轮滑鞋、极限轮滑鞋和轮滑球鞋等。目前，国内大学校园流行自由式轮滑鞋（也称平花鞋），此类轮滑鞋简便实用、灵活轻便、场地要求低，既适合入门选手学习掌握，也可以进行一些高难度绕桩技巧动作练习。大学生应选择外壳比较坚硬、一体化刀架、轮子轴承转速比较快的、中间两个轮子大两边两个轮子稍小的、鞋码跟平常鞋子基本一致的轮滑鞋，穿起来以脚在鞋里面不晃动为宜，轮滑鞋内套包裹性越好越能保护脚踝，运动更灵活、安全。

（2）轮滑鞋及装备的穿戴。轮滑鞋及装备的穿卸顺序遵循：穿上时，自上而下，先戴头盔，再依次佩戴护肘、护臀、护膝、轮滑鞋，最后穿戴轮滑手套；卸下时，自下而上，先脱下轮滑鞋，再依次脱下手套、护膝、护臀、护肘，最后卸下头盔。注意：学生一定要先穿戴好头盔和护具后方可穿轮滑鞋进行轮滑运动，以确保运动安全。

（二）轮滑运动安全事项

学生进行轮滑运动，一定要有高度的安全意识。学生必须穿着合格的护具，保护好头部和四肢关节。运动前要做好热身活动，防止肌肉拉伤。滑行时要降低身体重心；不要轻易模仿尝试高难度动作；不要在不明情况的场地滑行；不要轻易在坡度大的场地滑行；不要在人车拥挤的马路上滑行；避免在有水及不平坦的地面滑行；运动场上要养成靠右侧滑行和在圆形场地上逆时针滑行的习惯。养成穿鞋前检查轮滑鞋各零部件是否牢固的习惯，经常检查轮子、轴承是否松动，并及时紧固，避免零部件丢失造成安全隐患。滑行一段时间后，轮子内刃磨损较多，应定期左右调换轮子的方向和位置。初学者一定要接受正确的技术指导，由浅到深地进行系统学习，切不可贪图一时之快，形成错误定型动作，甚至发生安全事故。

二、轮滑运动的技术教学

（一）速度轮滑的技术教学

1.直道滑行技术

（1）基本姿势。在速度轮滑运动中，为考虑增加动力性和减少空气阻力等因素，必须要采取特殊的身体姿势，以适应高速滑行的需要。流线型的滑跑姿势，能够减少空气阻力，达到减少消耗和相对提高滑行速度的目的，合理的姿势有利于发挥技术和身体潜能，它是滑行技术中的重要组成部分。

1）动作规格及要领：学生上体前倾与地面平行，髋、膝、踝三个关节呈屈状，髋关节角度一般保持在35°～50°，膝关节角度在110°～120°，踝关节的角度在60°～75°。身体外观呈半蹲的流线型姿势。上体放松，两手背后互握，头微抬起目视前进方向15～30米处。身体重心落在两脚中间位置。在运动过程中身体姿势是不断变化的，姿势的高低也要根据个人技术特点、比赛项目或战术的需要进行调整。身体重心位置是随着动作的变化而不断改变的，变化的基本规律是由后逐渐向前移动（在蹬地开始阶段处在偏后的位置上，在支撑滑行阶段落在脚掌的中间。在蹬地结束阶段移动到前脚掌的位置）。身体姿势与增加动力有关，相对较低的身体姿势有利于增加做功距离，加大对地面的作用力，达到相对提高动力的效果。

2）常见错误与纠正：①重心位置偏后，形成后坐姿势，造成躯干和下肢肌肉紧张。纠正方法：强调头和肩膀不要抬得过高，髋关节的角度要小于膝关节的角度，身体重心自然落在两脚中间，利用变换髋、膝、踝关节的角度来调整身体重心位置。②重心不稳定，身体晃动。纠正方法：强调将踝关节屈至最小角度，起到固定踝关节的作用，上半身自然放松，手脚动作协调，进行反复练习。

（2）蹬地技术。

1）动作规格及要领：蹬地是速度轮滑最重要的动力来源，是技术的关键。蹬地过程包括三个阶段：开始蹬地阶段、最大用力阶段和结束蹬地阶段。蹬地动作是在建立蹬地角度之后开始的，以大腿发力，髋、膝、踝依次伸展，蹬地的要领是逐渐加速向侧方向用力蹬地。

2）常见错误与纠正：①蹬地无力或蹬地速度慢。原因是浮腿落地过早或蹬地过晚造成的，蹬地角度和腿部肌群力量不足也是初学者造成这种错误的重要原因。纠正方法：强调若早蹬地和晚落地，要向侧面蹬地而不是向后蹬地，同时加强腿部力量训练。练习中不断强调技术要求，注意控制练习量，不要疲劳练习。②倒踝。多出现在初学者阶段，是由于练习者技术练习时间短，踝关节支撑能力差造成的，也可能因为轮子的位置偏离了重心或者轮滑鞋内帮较软无法起到支撑脚踝的作用。纠正方法：要选择适合速度轮滑运动的轮滑鞋，平花鞋应选择内帮较硬的鞋子。调整好轮架和鞋的位置，强化支撑能力的练习，增强腿部特别是踝关节力量。练习中强调技术动作要求，形成正确定型动作。③小腿蹬地。没有伸展髋关节，只伸展膝关节的小腿蹬地方式，不能有效发挥大肌肉群的作用，造成蹬地效果差。纠正方法：练习中重视培养伸展髋关节肌肉群的力量，养成髋、膝、踝依次用力的顺序和习惯。④蹬地过晚，也在初学者中较常见。原因是浮腿落地过早或在初学时留下的技术痕迹。纠正方法：强调浮腿晚落地与蹬地腿早蹬地的技术配合。采用技术迁移方法和陆地模仿练习手段对晚蹬地技术进行改造。

（3）收腿技术。

1）动作规格与要领：当蹬地腿完成蹬地后，浮腿抬离地面至再次着地前的过程称之为收腿。收腿的任务是连接蹬地与着地动作，配合身体重心的移动，保持平衡和肢体放松等。另外，浮腿积极摆动也有助于蹬地腿发挥蹬地作用。收腿的动作方法是浮腿以大腿带动小腿沿着最短距离路线拉回，使浮腿的膝关节靠近支撑腿。收腿时髋关节内收，膝关节屈，形成自然的钟摆动作。

2）常见错误与纠正：①以领先脚收腿。原因是收腿过急或支撑腿支撑平衡能力差。纠正方法：一般通过提示学生身体重心的落点，组织提高支撑平衡能力的练习以及收腿动作的分解练习。②收腿动作幅度过大，抬得过高或路线过长。原因是对技术理解不清楚或受其他运动习惯的影响。纠正方法：学生要清楚动作规格和技术要求，多做陆地模仿动作练习，可以采用技术迁移的方法，待原有痕迹消除后再进行新技术练习。

（4）着地技术。

1）动作规格与要领：着地动作是指从收腿动作结束后至轮子落地的动作过程。其包括两个动作阶段：一是向前摆动腿阶段；二是轮子着地动作阶段。着地的动作方法是以大腿屈的动作为主，从后向前提拉，以后轮领先在靠近蹬地腿内侧的前方着地。着地技术直接影响惯性滑行和蹬地效果。着地时小腿有积极明显的前送下落动作，促使浮腿动作放松。浮腿轮子着地瞬间的角度要适宜，在浮腿轮子着地的瞬间，浮腿暂时不承担体重，当蹬地腿蹬地结束的一刹那才迅速承担体重。

2）常见错误与纠正：①着地位置距离支撑腿过远。原因是浮腿向侧跨造成的，往往会产生"反支撑"的现象和后果,大大降低蹬地效率。纠正方法:利用陆地模拟着地动作和完整的连续模拟动作进行纠正,控制错误的侧跨动作。②着地时机过早,在蹬地腿蹬地前浮腿着地,直接影响蹬地力的发挥,降低蹬地效率。主要原因是在蹬地过程中身体重心偏离,距离支点过远,迫使浮腿过早着地。纠正方法:第一,在蹬地前控制摆肩的动作,强调将身体重心控制在蹬地腿上;第二,使蹬地腿先蹬地,浮腿后着地,着地越晚越有利于蹬地腿加大蹬地力量。

(5)摆臂技术。

1)动作规格及要领:摆臂是配合身体各部位协调做功的重要因素,学生可以提高蹬地的功率和加快滑行动作频率,调节身体平衡。摆臂分单摆臂和双摆臂,一般在短距离项目或需要快速启动滑行时采用双摆臂,在中长距离比赛项目中的弯道区域采用单摆臂的方式。摆臂动作要与蹬地幅度、频率和节奏相适应。摆动时,两臂以肩关节为轴,以屈伸肘关节的动作完成前后摆臂动作。手可以半握拳或保持屈的状态,前摆最高点到颌下,后摆至与躯干平行。摆臂的方向应与滑行方向一致。摆臂与腿的配合动作为蹬地腿同侧臂向前摆动,异侧臂向后摆动。

2)常见错误与纠正。

错误动作:摆臂方向错误。

纠正方法:清楚动作规格,反复练习陆地模拟动作。

2.弯道滑行技术

弯道滑行是速度轮滑运动重要的技术部分,是在高速运动条件下,由直线运动急剧改变为弧线运动的过程。既要保持身体平衡,又要在原有速度的基础上产生加速度。

(1)基本姿势。学生上体前倾,支撑腿髋、膝、踝三个关节保持屈的状态,身体始终向圆心倾斜,并保持鼻支撑腿的膝关节与前轮都处在同一纵轴平面上。当速度达到一定值后,轮子会产生侧滑现象,为控制侧滑,要使髋关节尽可能地顶向圆心方向,上体向相反方向侧弯。速度越快倾斜的幅度越大,动作越明显。

(2)蹬地技术。在弯道滑行过程中,两腿的蹬地动作有所不同。右腿蹬地动作幅度大于左腿的蹬地动作。随着滑行速度逐渐加快,要逐渐加大蹬地幅度,加快蹬地步频,缩小蹬地角度。

(3)收腿技术。弯道收腿动作是弯道滑行周期动作的一个阶段。为适应弯道滑行的特性,两腿的收腿动作也不一致。若腿的收腿动作是膝关节领先,轮子贴近地面向左侧平移。跨过左腿和左脚轮,至左脚轮左前方的适宜位置。左腿的收腿动作是以膝关节领先,使左踝保持放松状态。轮子贴近地面向左上方做提拉腿的动作,将左腿收至支撑腿的左侧较适宜的位置。

(4)着地技术。弯道滑行的轮着地动作过程只是轮子着地的瞬间动作。轮着地技术由着地方向、着地时机、着地部位和位置等组成。滑行中起到确定滑行方向的作用。调节蹬地时机,协调配合蹬地动作,起到建立和保持平衡的作用。右腿的着地动作是在右腿收腿动作结束后,利用右脚踝关节的背屈动作使轮的正面后轮在支撑腿的前内侧较适宜的位置轻轻地着地。左脚轮着地动作是在左脚的收腿动作结束后,左脚踝关节背屈,使前轮稍稍翘起,利用轮外侧后部在右脚轮的前内侧较适宜的位置轻轻着地。

(5)摆臂技术。弯道滑行的摆臂动作多以单摆臂动作为主。学生弯道滑行摆臂的重要任务是调节身体平衡,配合加强蹬地,提高蹬伸频率。其有利于在滑行过程中使整个身体处在协调状态中。摆臂时,右臂的摆动幅度与直道摆动基本相同,摆动的方向稍向内侧。

3.起跑技术

(1)技术规格及要领。起跑一般包括五个动作阶段,即进入跑道、选位、起跑预备姿势、起动、疾跑。在练习和比赛中多采用"正面摆动式"起跑和"侧向交叉步"起跑两种方式。"正面摆动式"起跑规则要求,当发令员发出"预备"口令后,运动员必须在15秒内按规定完成起跑,否则认为起跑失败。

1)"正面摆动式"动作:学生两脚前后开立正对前进方向。前脚轮子位于起跑线后与起跑线呈平行状态,后脚轮子站在前脚的侧后方。待两腿确定站稳和身体平衡后,后腿向后撤出一步,位于起跑预备线附近。上体从前往后形成背弓,然后迅速由后往前冲出,并迅速以较高的动作频率、较大的步伐向前疾跑,一般向前跑8步左右,以获得更快的速度。

2)"侧向交叉步"起跑动作:学生侧对滑跑方向,双脚自然开立,屈膝半蹲,双手屈肘在体侧,眼看起跑方向。听到发令枪响后,后脚迅速向前跨过左脚,身体快速转动朝向滑跑方向。在疾跑过程中要保持两脚轮之间有较大的开角和向前倾斜的身体姿势,并迅速以较高的动作频率、较大的步伐向前疾跑,以获得更快的速度。

（2）常见错误与纠正。

1）错误动作：两轮开角小。原因是两脚外展柔韧性影响两轮的外展动作，使蹬地受到限制。

纠正方法：加强两脚外展的柔韧性练习，在练习中提升两脚外展的角度和两脚的间距。

2）错误动作：姿势错误。常见的原因是上体过于前倾、髋关节膝关节角度不合理。

纠正方法：可进行模拟基本姿势的练习，强调缩小膝与踝关节之间的角度，上体抬起和向前顶髋的动作重心落在两腿之间，保持平衡的姿势。

3）错误动作：蹬地无力。原因是蹬地时机过早或者身体摆动速度相对慢。

纠正方法：在基本动作熟练的基础上，强调身体摆动幅度和摆动与蹬地之间的配合，向前摆动形成蹬地角度之后再用力蹬地，多进行徒手练习效果更明显。

4）错误动作：上体过分前屈。原因是髋关节角度过小，没有形成向前送髋的动作，限制前几步的步伐，影响初速度。

纠正方法：在徒手练习的基础上再进行有轮的练习，练习过程中要强调向前送髋的动作，在利用皮筋牵引练习时，要将皮筋系在学生的双肩部位，而不能系在腰部。

5）错误动作：前脚轮子移动。原因是两脚站位过远或上体向后摆动幅度过大。

纠正方法：加强专门柔韧性的练习，特别是两脚外展和躯干伸展的柔韧性，强调前后摆动幅度适宜。

6）错误动作：蹬地角度过大。原因是疾跑速度相对慢或者步幅比较小，造成身体向上蹿的现象，影响向前的速度。

纠正方法：在练习过程中强调向前送髋和提膝的动作，另外，有相对严重错误的，要多利用徒手模拟疾跑手段进行练习。在基本达到技术要求后，再进行有轮的疾跑练习。

4. 冲刺技术

（1）技术规格及要领。冲刺是速度轮滑最后的关键阶段。冲刺技术直接关系到达终点的时间和名次。规则规定到达名次判定是以前脚轮滑鞋的前轮前点触及终点线为到达终点。因此一般都采用箭步冲刺的方式，领先对手尽快到达终点。在冲刺前必须选择好有利的冲刺路线，提前加速滑行。在距离终点线恰当距离或时机采用"箭步"的动作冲过终点线。"箭步"的动作过程是以有利于比对手先到达终点的腿快速向前滑动伸出来达到领先对手的目的。在通过终点线后保持身体平衡向前滑行。

（2）常见错误与纠正。

1）错误动作：冲刺过程中有危险动作或产生犯规行为。是由于动作不规范和技术不扎实造成的。往往表现在终点处，两臂平行伸展的幅度过大，造成拉人的动作假象或重心不稳以及前脚抬离地面。

纠正办法：练习时重视动作的规范训练，减少多余动作。在掌握平衡的基础上进行冲刺练习。

2）错误动作：冲刺路线受阻、选择冲刺路线不当或冲刺行为过迟。都会影响冲刺的效果。

纠正办法：在对手加速前提前加速，使滑行速度超过对手。抢占有利的位置，选择相对捷径的路线，前方无阻挡，左右可以控制。

3）错误动作：时机选择不当。过早或过晚都会使冲刺失败，原因是没有对手的概念或观察对手不足。

纠正办法：强调对手的因素。观察对手在终点前的行为变化，判断到达终点的距离，根据对手情况调整滑行步调，变化动作幅度和选择时机，使冲刺保持在加速条件下将前轮伸向终点。

（二）自由式轮滑的技术教学

1. 滑行技术

（1）"V"字前滑。

练习步骤：①学生双脚呈"V"形站立；②右脚支撑重心，左脚抬起向前迈出一小步；③右脚侧蹬，重心迅速移至左脚，同时右脚抬起向左脚靠拢；④双脚平行向前滑行一小段距离后，右脚与左脚呈"V"字形站立。双脚交替蹬地，依次循环反复练习，直到熟练掌握。也可将此动作分解成"V"字形行走、单蹬双滑和双脚平行前滑进行练习。

练习要领：①学生双脚呈"V"字形站稳，动作做标准；②初学者在练习中需要胆大心细，降低身体重心，遇到危险情况可采取主动摔倒措施；③交替抬腿时把重心控制在支撑腿上，落地时重心前移至落地脚；④轮子不要内扣和外倒，膝关节不要外展过大。

（2）葫芦步前滑。

练习步骤：①学生呈"V"字形站立；②重心下降前移，两脚鞋轮内刃蹬地，各自顺着脚尖向侧方弧线前滑；③两脚借助惯性顺势向内划弧内收，两脚尖并拢完成第一个葫芦步；④随后前轮稍抬起，脚跟鞋轮碾地，双脚迅速向外打开，呈现刚开始的"V"字形站立姿势，开始第二个葫芦步滑行。

练习要领：①学生呈"V"字形站稳，动作做标准；②初学者在练习中需要胆大心细，降低身体重心，遇到危险情况可采取主动摔倒措施；③该动作的动力来源于重心下移，两脚鞋子内刃向侧方蹬出，同时向前划弧内收；④以膝关节带动踝关节，控制整个滑行方向，肌肉紧张，确保鞋轮沿着弧形前滑。

（3）双脚"S"前滑。

练习步骤：①学生以基本姿势站立；②两脚自然向前滑行，产生一定速度后平稳滑行；③身体前倾，平行前滑；④以髋带动膝，继而转动下肢，在滑行的惯性下用双脚后跟鞋轮碾地，使双脚积极变向，左右重复转向前滑。

练习要领：①起始惯性是"S"前滑的主要动力，但变向碾地也可起到明显加速助力作用；②"S"前滑主要依靠以髋关节带动膝关节，继而带动双脚左右转动，而不仅仅是依靠双脚碾地转动；③滑行中身体重心始终处在正中偏前一些的位置，不可重心后坐；④整个"S"前滑滑行过程中，不单单是下肢发挥作用，而是上下肢和躯干的协调配合才能发挥出最大效果，产生最大动力。

（4）玛丽步前滑。

练习步骤：①学生以基本姿势站立；②两脚自然向前滑行，产生一定速度后平稳滑行；③借助惯性，右腿前伸与左脚呈"一"字滑行；④在"一"字滑行基础上，降低重心，前脚后轮点地，后脚全轮着地，支撑重心；⑤后脚脚后跟迅速提起并以前轮着地，前脚后轮和后脚前轮共同支撑重心，重心落在两脚中间。

练习要领：①该练习必须借助惯性才能完成，需要前滑产生一定的速度；②两手臂张开保持身体平衡；③滑行时两脚鞋轮的方向必须保持一致。

（5）内"八"字倒滑。

练习步骤：①学生以内"八"字站立；②两脚内扣，重心后移，身体适当后坐，两脚以内"八"字状用鞋轮内刃向外蹬地，使两脚顺着两脚跟方向倒划弧分开；③接着惯性倒划弧内收，减缓速度身体逐步复原，重心回到起始位置；④脚跟靠拢呈内"八"字站立。

练习要领：①倒滑时身体重心应保持在支撑面偏后位置；②外扩动力是惯性，内收动力是大腿的内夹。

（6）前剪布滑行。

练习步骤：①学生呈"V"字站立；②重心下降前移，两脚鞋轮内刃蹬地，各自顺着脚尖向侧前弧线前滑；③两脚借着惯性，顺势划弧并夹腿内收，重心开始逐渐回移；④两脚借着夹腿的动力在身前交叉，接着两脚利用鞋轮外刃向前划弧，使脚尖转向朝外；⑤两脚分开后，重新前移，两脚鞋轮由外刃转内刃蹬地，完成内"八"字刹车。

练习要领：①利用夹腿动力，按前后位完成内收；②确保两脚间的前后距离以便进行交叉；③鞋轮内刃着地，脚尖互对交叉，鞋轮外刃着地，向前划弧使脚尖转向朝外分腿。鞋轮内刃蹬地开始下一个前剪布动作练习。

（7）双脚前轮前滑。

练习步骤：①学生以基本站立姿势准备；②两脚交替向前侧蹬滑行，产生前滑动力；③保持一定速度和身体平稳后，一脚前伸稍超过另一只脚，在惯性下两鞋轮方向保持一致，向前滑行；④两脚脚踝关节绷紧，两后轮同时迅速抬起，两脚前轮一前一后借助惯性向前滑行；⑤两脚依次着地，减速惯性滑行至停止。

练习要领：①必须保证有足够的速度，确保向前滑行的动力；②两脚位置前后分开，共同支撑重心；③两脚前轮滑行方向必须保持向前。

（8）单蹬单滑。

练习步骤：①学生以基本站立姿势准备；②两脚交替向前侧蹬滑行，产生前滑动力，保持一定速度和身体平稳；③一脚蹬地后身体重心随后倒向蹬地方向，蹬地脚屈膝90°抬起，置于支撑脚之后，两脚膝盖贴紧；④支撑脚轮子立直，可稍外倒，鼻子、膝盖、脚尖在同一条直线上，保持身体平衡，单脚向侧前方滑行；⑤待速度减低至快停止时，蹬地脚在支撑脚侧前方着地，同时支撑脚用力向侧蹬出，蹬地脚变为支撑脚，顺势向侧前方滑行；⑥两脚依次交替滑行。

练习要领：①两脚脚踝关节需具备一定单脚支撑能力，可扶杆原地练习单脚站立；②蹬地后重心迅速移向蹬地方向，建立新的身体平衡；③单脚支撑时支撑脚鞋轮一定要立直或稍外倒，不能内倒；④使鼻子、膝盖、脚尖处于一条直线上，身体协调自然放松。

（9）单脚"S"前滑。

练习步骤：①学生以基本站立姿势准备；②两脚交替向前侧蹬滑行，产生前滑动力，保持一定速度和身体平稳；③一脚蹬地后蹬地脚屈膝抬起，置于支撑脚之后；④支撑脚轮子立直，向前方滑行；⑤在前滑惯性下，支撑脚膝盖积极外展带动脚跟鞋轮碾地，使脚尖变向，向外滑出；⑥接着膝盖积极内压带动脚跟鞋轮碾地，使脚尖再一次变向，向内滑行。依次交替变向滑行。

练习要领：①滑行动力主要来源于起跑时的惯性，以及膝关节、踝关节左右摆动，带动鞋轮左右蹬地产生动力；②滑行脚的变向主要依靠在髋关节、膝关节带动下的鞋轮碾地。

（10）蹬地倒滑。

练习步骤：①学生以内"八"字站立；②身体后坐，重心后移，右脚内刃蹬地，推动左脚支撑身体倒滑；③右脚提起落在左脚右后侧，左脚鞋轮内刃蹬地，推动右脚支撑身体倒滑；④左脚提起落在右脚左侧，并用右脚一起以内"八"字状，用鞋轮内刃蹬地，完成"V"字刹车停止。

练习要领：①倒滑时身体后坐，重心落在滑行腿上；②倒滑的动力来源于鞋轮内刃蹬地；③倒滑时，支撑脚鞋轮立直，并与滑行方向一致。

（11）燕式平衡前滑。

练习步骤：①学生呈基本姿势站立；②两脚交替蹬滑，产生前滑动力；③经左脚支撑重心，右脚前伸使右脚稍超左脚，形成惯性前滑；④重心前移至右脚，左脚准备抬起；⑤借着惯性，右脚支撑重心独立前滑，左脚缓慢向后上方抬起，与上体在同一平面，上体前倾与地面平行，同时展开双臂控制身体平衡；⑥上体抬起，左脚缓慢放下，顺势往前滑行，降速停止。

练习要领：①支撑脚轮子须立直，并且与滑行方向一致；②腰腹和膝关节、踝关节要紧绷，控制轮子滑行方向。

（12）倒葫芦滑行。

练习步骤：①学生呈内"八"字姿势站立；②两脚用鞋轮内刃蹬地，使两脚顺着脚跟方向倒划弧分开；③借着惯性倒划弧接内收，重心回移；④当两脚跟内收相近时，即完成第一个倒葫芦步。随即脚掌鞋轮碾地，使脚跟迅速外斜，重心后移，开始第二个弧形倒滑。

练习要领：①该练习的动力来源于两脚内侧鞋轮蹬地，练习中应积极蹬地；②以膝带踝，控制整个滑行中脚的方向，保证弧形倒滑的完成。

（13）双脚"S"倒滑。

练习步骤：①学生以内"八"字姿势站立；②两脚左右交替蹬地，产生倒滑动力；③重心后移，双脚平行倒滑；④以髋带膝，用双脚脚掌鞋轮碾地，使双脚脚跟变向，右转倒滑；⑤以髋带膝，用双脚脚掌鞋轮碾地，使双脚脚跟变向，左转倒滑；⑥以髋带膝，用双脚脚掌鞋轮碾地，使双脚脚跟变向，右转倒滑。

练习要领：①滑行中，重心偏后；②以髋带膝，用双脚脚掌鞋轮碾地，使双脚脚跟变向，借着惯性顺势倒滑。

（14）单脚"S"倒滑。

练习步骤：①学生以内"八"字姿势站立；②两脚左右交替蹬地，产生倒滑动力；③用平行倒滑过渡；④借助惯性，单脚支撑倒滑；⑤以膝带动左脚脚掌鞋轮碾地，使脚跟右转，并顺势倒滑；⑥以膝带动左脚脚掌鞋轮碾地，使脚跟左转，并顺势倒滑；⑦以膝带动左脚脚掌鞋轮碾地，使脚跟右转，并顺势倒滑；⑧以"T"字后刹。

练习要领：①由于是单脚支撑，重心支撑面小，所以主要以膝关节的带动来加快左右转向频率，以弥补支撑能力的不足；②单脚"S"倒滑所需动力主要依靠起始蹬滑产生的惯性。

2. 刹车技术

（1）"T"形刹车。

练习步骤：①学生原地呈"T"字形站立；②重心前移，后脚鞋轮内刃蹬地，稍抬离地面，前脚滑行；③后脚鞋轮内刃摩擦地面，减速，上体逐渐抬起，重心后移；④两脚紧贴在一起，呈"T"字形站立，降低重心；⑤正常滑行后，后脚抬起与前脚呈"T"字形，后脚轮内刃摩擦地面，逐渐减速，最后两脚贴紧，动作停止。

练习要领：①"T"字形站立动作一定要做到位；②后脚抬腿要果断迅速，不能犹豫不决；③重心前移降低，后脚鞋轮内刃用力摩擦地面；④身体保持平衡，不能左右晃动；⑤完全静止后再做下一组练习。

（2）内"八"字刹车。

练习步骤：①学生原地呈"V"字形站立；②重心前移降低，两脚鞋轮内刃向侧蹬地，并沿着侧护线滑出；③两脚向前滑出后，迅速顺着惯性划弧内收，两脚尖往中间滑行；④上体抬起，两脚尖靠近，呈内"八"字站立，动作停止；⑤原地依次练习，直到动作熟练掌握。

练习要领：①"V"字形站立时脚跟夹紧；②两脚向前滑出时重心处于前移状态，并降低重心；③沿着弧线，运用髋关节、膝关节和踝关节的力量两脚积极内收，减缓速度，保持身体平衡，直至动作停止，呈内"八"字站立。

（3）双脚转身刹车。

练习步骤：①学生呈基本站立姿势准备；②两脚交替蹬地向前，利用惯性平稳滑行一段距离；③待速度逐渐减弱时，转肩、转腰腹、转髋，带动身体转身180°，同时打开双手保持平衡，两脚鞋轮内扣，以轮子内刃摩擦地面达到降低速度的效果；④膝盖内收，降低重心，压住鞋轮，使肢体停止。

（4）单脚转身刹车。

练习步骤：①学生呈基本站立姿势准备；②两脚交替蹬地向前，利用惯性平稳滑行一段距离；③待速度逐渐减弱时，前脚后轮点地，另一只脚向前方用内刃蹬出，摩擦地面以降低速度；④以前脚后轮为支点，转肩、转腰腹、转髋，带动身体转身180°，同时双手打开保持平衡，另一脚用内刃蹬地划圆弧；⑤降低重心，压住鞋轮，使肢体停止。

3. 双脚速度过桩技术

（1）起跑加速。练习和比赛中多采用正向起跑的方式。

"正面摆动式"起跑动作：学生两脚前后开立正对前进方向。前脚轮子位于起跑线后与起跑线呈平行状态，后脚轮子站在前脚的侧后方。待两腿确定站稳和身体平衡后，后腿向后撤出一步。上体从前往后形成背弓，然后迅速出后往前冲出。两臂适度屈肘在体侧抬起，配合身体摆动开始前后摆臂。后腿随身体向前摆动，跨过感应光线。同时以前腿用力蹬地，完成起动动作。并迅速以较高的动作频率、较大的步伐向前疾跑，以获得更大速度。

（2）入桩。学生起跑动作完成后，保持身体平稳高速向前，并在进入第一个桩前，提前降低重心，调整速度和过桩姿势，设定好预想入桩路线。双脚过桩入桩的速度不宜太快，以入桩后双脚能及时绕过桩为宜。但也不能太慢，太慢会造成中途动力不足"滑不动"而停下来的情况。

（3）绕桩。向前绕桩的动力一部分来源于起跑过程，另一部分来源于每过一个桩时，身体的转动和双脚轮滑鞋左右碾地侧滑的动力。学生绕桩时身体重心稍降低，双脚尽量并拢，以髋带膝进而转动双脚，上下肢协调配合左右转动绕过桩。绕桩的频率要快，不能等到桩到"眼前"快碰到桩了才变向，而是在前一个绕桩动作结束后马上进入下一个绕桩动作。依次逐一绕过标志桩。

（4）冲刺。冲刺是双脚速度过桩最后的关键阶段。冲刺技术直接关系到达终点的时间和名次。用时多少是以前脚轮滑鞋的前轮前点触及终点线为到达终点。注意双脚尽量保持平行，不能一前一后通过终点。在冲刺前必须选择好有利的冲刺路线，提前加速滑行，在冲刺的瞬间速度达到最大值。通过终点线后保持身体平衡向前减速滑行，直至停止。

4. 单脚速度过桩技术

（1）起跑加速。练习和比赛中多采用正向起跑和侧向起跑两种方式，具体方式与双脚速度过桩相似。

（2）入桩。学生起跑加速动作完成后，保持身体平稳高速向前滑跑，并在进入第一个桩前，提前抬起一脚，降低重心，调整速度过桩姿势，设定好入桩路线。单脚速度过桩入桩的动作衔接要连贯流畅。

（3）绕桩。学生绕桩时身体重心稍降低，以髋带膝进而转动鞋轮，上、下肢协调配合左、右转动绕过桩。绕桩的频率要快。踝关节要求具有较强的支持力量和左、右转向能力，转向要求迅速流畅，依次高速绕过每一个桩。

（4）冲刺。冲刺是单脚速度过桩最后的关键阶段。冲刺技术直接关系到达终点的时间和名次。

5. 绕桩技术

（1）前剪布绕桩。

练习步骤：①学生呈"V"字站立；②右脚在前，前剪步绕桩；③桩间分腿；④分腿绕桩；⑤右脚在前，桩间合腿；⑥右脚在前，交叉绕桩；⑦桩间分腿；⑧分腿绕桩；⑨以内"八"字姿势刹车。

练习要领：①该练习的滑行动力以及重心控制与一般前剪布技术类同；②控制两腿的分合程度以满足过桩需要。

（2）双脚前轮前绕桩。

练习步骤：①学生呈"V"字站立；②左右脚交替蹬地，产生前滑动力；③双脚前后滑行；④滑至桩侧，重心前移，双脚脚跟提起，同时拧髋压膝，使脚尖前轮向右转向；⑤借着惯性，顺着脚尖方向前滑；⑥滑至桩侧，拧髋压膝，使脚尖前轮向左转向；⑦借着惯性，顺着脚尖方向前滑；⑧滑至桩侧，拧髋压膝，使脚尖前轮向右转向；⑨重心后移，全脚掌落地前滑接"T"字刹车。

练习要领：①在惯性动力主导下，积极拧髋、压膝，带动脚尖前轮来回转向，以完成动作；②双脚尖前轮滑行时重心应由两脚脚尖前轮共同承担。

（3）双脚倒绕桩。

练习步骤：①学生以内"八"字姿势站立；②左右脚交替蹬地，产生倒滑动力；③借助惯性，以髋带膝，使双脚辗转，向左滑行；④借助惯性，以髋带膝，使双脚辗转，向右滑行；⑤借助惯性，以髋带膝，使双脚辗转，向左滑行；⑥借助惯性，双脚倒滑；⑦借助惯性，双脚倒滑，并接"V"字刹车。

练习要领：①滑行中身体处于向后半侧状态，确保对身后桩位的观察；②滑行动力主要是起始的惯性，变向辗转只是辅助动力；③前脚变向辗转的着力点是脚跟下的后轮，后脚变向辗转的着力点是脚掌下的前轮。

（4）单脚倒绕桩。

练习步骤：①学生以内"八"字姿势站立；②左右脚交替蹬地，产生倒滑动力；③借助惯性，双脚平行滑行；④拧髋带膝，同时抬起一脚，使支撑脚积极左转，并顺势倒滑；⑤倒滑到桩左侧时，继续拧髋带膝，使支撑脚积极右转，并顺势倒滑；⑥倒滑到桩右侧时，再次拧髋带膝，使支撑脚积极左转，并顺势倒滑；⑦借助惯性单脚倒滑；⑧接"T"字后刹。

练习要领：①单脚倒滑中，上体保持平稳状态；②在髋的拧转带动下，脚掌的辗转使脚跟变向。

三、轮滑运动的战术教学

速度轮滑比赛战术包括战术准备和战术实施两个阶段。战术准备是实施战术的前提，战术成败与战术准备有直接关系。战术准备大体包括：战术知识的积累、智力水平的培养和战术策划等。战术的实施是在战术准备的基础上，针对场上情况采取的具体措施。它包括战术意识和战术行为两个方面。

速度轮滑比赛主要有以下九种战术：

（1）领先滑行战术：发动战术者为达到战术目的，在起跑或滑跑的过程中，抢占领先位置，是按自己的战术计划或根据场上变化保持领先位置、实施战术的一种手段，这种战术在中距离比赛中常见。

（2）扣圈滑行战术：在比赛滑行过程中，发动战术者采取"先发制人"的措施，利用对手不备或错误判断等，扣对手一圈，然后再以尾随滑行的办法，来巩固领先的地位，这种战术在长距离比赛中常见。

（3）起跑拖后战术：为完成战术计划，发动战术者在起跑过程中有意识地晚起动或慢起动，形成起跑自然拖后的一种战术手段。

（4）尾随滑行战术：在滑行过程中，战术发动者为达到目的采取尾随对手滑行，以保存实力、寻找战机、战胜强手的一种战术手段。

（5）盯人滑行战术：战术发动者针对某一个对手做跟踪监视滑行，达到战术目的的一种战术手段。

（6）变速滑行战术：在比赛的滑行过程中，战术发动者利用快慢交替的变速滑行来干扰破坏对手的正常滑行及战术实施的一种战术手段。

（7）抢位战术：在比赛滑行过程中，为了达到某种战术目的而抢占有利滑行的位置，干扰对手正常滑行或破坏对手实施战术的一种战术手段。

（8）交替领滑战术：为提高全程滑跑速度或合理分配体力而采用的同伴之间相互领滑相应距离的办法，构成交替领滑战术手段。

（9）变换滑行位置战术：在入弯道滑行或直道滑行过程中，两名同伴保持前后横向错位滑行，挡住对手超越路线，在出弯道时，外侧滑行的同伴可根据对手情况滑至同伴的前位来保持领先滑行位置的一种战术手段。

四、轮滑运动的适应性练习

为了能够建立轮子与地面接触的良好感觉，增加对轮滑鞋的控制力，增强稳定性，克服初次穿轮滑鞋站立的恐惧心理，以便更好地学习轮滑的滑行技术，可以通过在草地等摩擦力较大的地方模仿动作练习以增强对轮滑鞋和轮滑运动特点的适应。

（一）轮滑运动的原地适应练习

（1）基本站立姿势。站立姿势可分为"V"字站立、"T"字站立和平行站立。学生需根据自身习惯和路面情况选择相应的站立姿势。站立时轮子立直、身体稍前倾、膝关节微屈、重心控制在两脚之间，身心放松。

（2）摔倒与站立。摔倒分为向前摔倒、向侧摔倒和向后摔倒。当学生滑行遇到危险路段和意外情况即将要摔倒或者需要降速主动摔倒时，应降低身体重心，弯腰团身，保持身体平衡，逐步减缓速度，不要站立和后仰摔倒。实在避免不了要摔倒时，可以采取主动摔倒的策略，尽可能地降低身体重心，然后使手掌、手肘、膝盖或臀部同时着地，以使运动停止时损伤最轻。具体摔倒方向应根据具体情况而定。

站立时可先单膝跪地、单脚支撑、双手撑地，待身体稳定后再抬起另外一只脚，慢慢起身，双脚平行站立。

（3）原地踏步。学生在基本站立姿势的基础上进行原地踏步练习。注意轮子需要直上直下，垂直于地面，避免轮子内倾或者外倒，自然放松，慢慢增加原地踏步高度和频率。

（4）原地蹲起。学生在基本站立姿势的基础上进行原地蹲起练习。上体前倾，臀部后坐，屈膝下蹲。注意保持身体稳定，不要左右晃动，轮子尽量不要来回移动。慢慢增加蹲起深度和频率。

（5）原地转身。学生在基本站立姿势的基础上进行原地转身练习。

（6）原地平行前后滑动。学生在基本站立姿势的基础上进行前后滑动练习。

（7）原地小步跑。学生在基本站立姿势的基础上进行小步跑练习。

（8）内外压刃。学生在基本站立姿势的基础上进行内外压刃练习。身体微屈，在两脚平行的基础上，重复向内、外屈膝压踝，鞋轮内、外刃着地。膝、踝关节要保持一定的紧张度。

（9）单脚支撑。学生在基本站立姿势的基础上进行单脚支撑练习。

（10）速滑基本姿势。学生上体前倾与地面平行，髋、膝、踝三个关节呈屈的状态，髋关节角度一般保持在35°～50°，膝关节在110°～120°，踝关节在60°～75°。身体外观呈半蹲的流线型姿势。上体放松，两手背后互握，头微抬起目视前方15～30米的距离。身体重心落在两脚中心位置。

（二）轮滑运动的移动适应练习

（1）正向行走。学生在基本站立姿势的基础上正向踏步向前行走，速度由慢到快，注意轮子垂直于地面，不能出现明显的内扣和外倒的情况。

（2）侧向行走。学生在基本站立姿势的基础上向左、右进行侧向行走练习。要求动作连贯舒展，重心移动平稳。

（3）大跨步行走。学生在基本站立姿势的基础上向前进行大跨步行走练习。进一步提升脚对轮滑鞋和轮滑运动的适应和掌握程度。

（4）交叉步行走。学生在基本站立姿势的基础上向左、右进行交叉步行走练习。进一步提升脚对轮滑鞋和轮滑运动的适应和掌握程度。

（5）绕"八"字行走。学生在基本站立姿势的基础上向前进行绕"八"字行走练习。进一步提升脚对轮滑鞋和轮滑运动的适应和掌握程度。

（6）速滑陆地模仿动作。速滑陆地模仿动作练习包括蹬地动作、单脚支撑、收腿动作和摆臂动作等。

第二节　高校体育旱地冰壶运动教学与锻炼

一、旱地冰壶运动的基础知识

冰壶运动又称冰上溜石，是一种以队为单位，在冰上进行的投掷性竞赛项目。

冰壶是冬季奥林匹克运动会竞赛项目的队制项目之一，也是一项综合性体育运动项目，对参与者的力量、身体平衡感，以及动作的优雅性都有很高要求。因为良好的战术战略和高超的冰壶技巧是冰壶比赛获胜的关键，所以有人将冰壶称为"冰上国际象棋"。此外，冰壶是一种集技巧与智慧于一体、将个人与集体相结合，同时还具有较强战术性的智力运动项目，堪称"智者的博弈"。

（一）旱地冰壶的场地

（1）旱地冰壶所用场地是一个标准赛道。赛道两条端线内沿之间的长度是13米，赛道两条边线内沿之间的最大宽度是1.65米。

（2）在赛道上有几条宽为1.65米的平行线，从底端向内依次为：①底线，底线内沿距赛道中心4.9米；②T线，距赛道中心4.3米；③H前线，距T线2.7米。

（3）中线连接两端的底线与H线，交于T线中点，平行于边线。

（4）大本营中心位于T线与中线的交叉点。以此为中心，赛道两端各有一个由四个同心圆组成的大本营，最里面圆（1号圆）的直径为0.18米，第二个圆（2号圆）直径为0.4米，第三个圆（3号圆）直径为0.8米，最大的圆（4号圆）外沿距圆心的直径为1.2米。

（5）有效区是指投球目标端H线与底线之间的赛道。自由保护区是指目标端T线与H线之间除圆垒的区域。

（6）赛道前后高低位置的定义：①前、高：靠近赛道目标端底端方向；②后、低：靠近投壶端底端方向。

（二）旱地冰壶的器材装备

旱地冰壶运动的器材装备主要包括旱地冰壶、赛道、赛道刷、推杆、清洁套装、便携式拉杆包、旱地冰壶鞋等。

旱地冰壶球外形与冰壶相似，由轴承和塑胶外壳组成，主体为圆形，顶部有一个小把手，壶身下方增设了3个滑轮用于地面滑行，球体更轻。壶身直径为17厘米，高为9.3厘米，每个重量不超过1.2千克。

一组共16个，分为红色、黄色两种颜色，在四人制的团体和混合团体比赛中，每个队使用8个颜色相同、重量相同的一套冰壶球，比赛双方使用颜色不同的冰壶球。

二、旱地冰壶运动的技术教学

（一）旱地冰壶运动的投掷（投壶）技术

投掷是旱地冰壶运动中重要而又最基本的技术，不同的战术决定不同的投掷方式和力度。从旱地冰壶比赛目的来讲，投掷既是技术也是战术，因为战术决定如何投壶，而投壶是否准确又取决于投壶的技术能力。战术建立在投壶技术基础之上，投壶技术应用水平的发挥决定战术效果。投壶的成功与失败，往往关系到得分与否，甚至与整场比赛的胜败都有着直接紧密的联系。一个高技术含量的投球配合主将的指挥以及投球力度能够决定一局比赛的胜负。因此，正确熟练掌握投掷（投壶）技术，可为比赛中各类战术的实施运用打下坚实基础。

1. 投掷（投壶）的动作要领

投壶技术是通过预先设定的路线对冰壶施以适当力的同时进行必要的旋转将其投到指定的目标点。包括从准备投壶到壶出手的整个动作过程。

（1）动作要领：学生投掷时单腿下蹲，脚尖向前。上体自然放松，头抬起，目视前方，瞄准目标点；保证两腿支持身体的重量，控制好身体的重心；投壶臂自然舒展，肘部稍弯曲，以肩关节为活动轴，冰壶球置于体前；用拇指和食指握住壶柄，手持旱地冰壶球从本垒推球向前，至底线时，放开旱地冰壶球使其自行以直线或弧线轨道滑向营垒中心。

（2）初始位置：学生在投壶准备动作过程中，壶的开始位置对后续投壶动作有很大影响。如果壶的开始位置不正确，人们通常在后面通过其他的补偿动作进行调整时，会出现各种错误。在投壶时，身体右侧、场地的中心线上应该是作为壶所在最正确的位置。注意不要把壶放在身体正前方，因为这样会影响投壶臂的动作。

（3）持壶方法：学生拇指和食指形成"V"形，拇指在壶柄一侧，其余四指并拢从另一侧抓握，第二指关节在壶柄底部，手掌根部握在壶柄上部。注意力度不应过大，要以能够在投壶过程中稳定控制冰壶，并且手臂不过分紧张为宜。

（4）注意事项：学生掷出冰壶的动作要干净利落，身体任何部位均不可超底线，力量要适度，力量太大或者太小会导致冰壶出界或者不过界。掷出冰壶后，手最好呈与人握手状态。

2.投掷（投壶）技术分类

投壶基本技术包括慢壶（投准）技术和快壶（击打）技术两大类。由于投壶技术的好坏会直接影响到运动队的比赛成绩，因此，对投壶技术的训练就格外重要。

（二）旱地冰壶运动的慢壶技术

（1）投进。投进是指将冰壶投掷进大本营内的有效投壶。

（2）保护。保护是指为了保护前面大本营内的得分壶，或者是挡住击打得分壶线路的有效投壶。

（3）占位。占位是指将冰壶投掷进自由防守区内，起到阻碍对方投壶路线的有效投壶，分为中区占位和边区占位两种。

（4）传进。传进是指控制力量将冰壶从非大本营区域传递进入大本营内并对传进冰壶在一定程度上起到保护作用的有效冰壶。

（5）分进。分进是指控制力量将两只冰壶分别传进距离圆心更近的位置或是将阻挡本方路线的对方壶分开的有效投壶。

（6）粘贴。粘贴是指控制力量将冰壶粘在指定壶位置周边的有效投壶。

（三）旱地冰壶运动的撞击技术

撞击技术是指将对方停留在营垒内的冰壶撞击出营垒的技术，包括直接撞击和间接撞击。

（1）直接撞击。直接撞击是指投掷冰壶直接撞击对方停留在营垒内的冰壶，将其撞击出有效得分区域。这是一种最简单的撞击技术。

（2）间接撞击。间接撞击是指投掷冰壶撞击到一枚冰壶后转向撞击另一枚冰壶。这是一种最常见的撞击技术。可以利用一枚冰壶同时攻击对方两枚以上的冰壶，是一种极具效率的进攻方式。

（3）撞击的分类。根据撞击的目的可以分为以下五类：

1）拉引击球：将冰壶掷在（得分区）营垒内。

2）防卫击球：将冰壶掷在 H 线和得分区之间的自由防守区内，用来防御对手的投壶进入营垒（大本营）。

3）敲退击球：将冰壶放在一个或是多个已经存在营垒内的壶前面，将对手壶轻敲挤离得分中心线，但不将它击出，而是使其停在轻敲壶的后面，如此一来对方便难以将此壶击出。

4）晋升击球：将一只在自由防守区内的冰壶，撞击到营垒内更接近得分区的中心，而撞击壶在前面起到保护作用。

5）晋升移位掷球：一只冰壶被壶撞击之后，往后推进并移除营垒内对方的冰壶。

（四）旱地冰壶运动的快壶技术

（1）清壶。清壶是指用力将指定冰壶击出大本营同时击打壶也不留在大本营的有效投壶。

（2）打定。打定是指利用恰当的力量将对方大本营内的壶击出，同时击打壶留在击走壶位置的有效投壶。

（3）打甩。打甩是指用力将对方大本营内的壶击出，并且击打壶防守位置良好，或者能旋转到有效得分位置的有效投壶。

（4）双飞。双飞是指用力将对方两个或两个以上的大本营内的壶击出，并且击打壶能留在大本营内的有效投壶。

（5）传击。传击是指用力击打并通过对方或己方壶的多壶传递，将对方壶击出大本营，己方壶留在大本营内有利位置的有效投壶。

（6）溜壶。溜壶是指有意控制使其不接触任何壶，或故意将壶投出大本营外的有效投壶。

三、旱地冰壶运动的战术教学

冰壶战术是指在冰壶运动中采用何种投壶方式进行比赛。战术是指基于技术基础之上，根据不同的比赛条件和情况选择以何种方式达到预期效果的投壶。

冰壶战术有进攻战术和防守战术之分：进攻战术分为先手进攻和后手进攻，防守战术分为先手防守和后手防守。战术就是进行冰壶运动竞赛的艺术。

冰壶战术由战术知识、战术行动和战术意识三部分构成：

（1）战术知识包括比赛组织形式、竞赛规程、可利用因素、合理地运用规则、专项技术特点、专项战术发展的趋势、对手的情况。

（2）战术行动是用各种形式技术的投法和其他活动实施预定战术的构想表现。其包括技战术的合理配合和变化、心理影响的方法、伪装战术意图的方法。

（3）战术意识是伴随着战术行为而发展的，它主要通过运动员的能力反映出来，并且在战术行动的具体实施过程中体现：包括对比赛信息的感觉、判断、分辨，制定对策的能力，预测比赛发展结果的能力以及寻找成功方案予以实现的能力。

旱地冰壶比赛的场上形势多变，比赛战术是由队长或者执行投掷的队员在短时间内决定的，主要依据的就是场内己方与对方冰壶所在的位置。基础战术分为三种基本类型，即进攻型战术、防御型战术和混合型战术，同时从每局先后手和当前比分情况进行战术选择和具体分析。

（一）旱地冰壶运动的战术思想与原则

战术思想是制订战术所依据的总的指导思想，战术原则是制订具体战术方案的准则，两者相辅相成，直接影响着战术的有效性。

1. 战术思想

冰壶比赛的战术思想体现在以人为主、走位精准和配合默契等方面。

（1）以人为主。以人为主是指投掷队员排除干扰、不受场上灯光、音响以及对方的影响，积极施展自己的技术特长和打法，形成自己的战术和节奏。

（2）走位精准。走位精准是指投掷角度准确、撞击位置准确和停止位置准确。

（3）配合默契。冰壶是一项注重团队配合的运动。

2. 战术原则

冰壶比赛的战术原则包括依靠技术和合理取舍等。

（1）依靠技术。战术以技术为基础，技术水平越高越能出色地完成战术要求。比赛中的战术运用必须以充分发挥技术特长为前提，而且，只有技术全面，战术才能多样化。

（2）合理取舍。合理取舍是一名冰壶队员必须具备的素质，因为在比赛中经常出现需要自杀壶来破坏对方得分的情况，这时就必须精准地挑选需要取舍的冰壶，为赢得整场比赛而放弃已经得到的分数。

（二）根据投掷顺序安排战术

投掷顺序的不同会直接影响到战术的安排，所以每一个壶队都应该有两种最基本的战术安排，即先投掷战术和后投掷战术。

1. 先投掷战术

先投掷时应注意：

（1）第一枚冰壶最好掷到营垒前端，防止对方投掷的冰壶直接将己方冰壶撞出营垒。

（2）防守时，己方的几枚冰壶既要接近营垒又要有一定的分散性，防止对方利用一枚冰壶同时将己方多枚冰壶击出营垒。

（3）进攻时，既要把对方的冰壶击出营垒或使其远离营垒中心，还要保证己方冰壶能有效得分。

2. 后投掷技术

冰壶比赛中，后投掷方拥有一定的优势。后投掷时要注意：

（1）第一枚冰壶多以进攻为主，应由壶队里技术最好的队员来完成。

（2）投掷第一枚冰壶时，要尽量把对方冰壶击离营垒圆心，并使己方冰壶挡住对方的第一枚冰壶，从而让对方难以把握进攻力度与角度。

（3）其他参照"先投掷技术"。

（三）旱地冰壶运动的战术策略

冰壶比赛的战术运用不仅要根据场上形势的变化而做出相应的调整，还要坚持基本的战术策略，包括挨近、击出和防守等。

（1）挨近，是指掷出冰壶至一定位置，使之贴近营垒内原有的冰壶。

（2）击出，是指掷出冰壶至一定位置，将对方营垒内的冰壶击出营垒。

（3）防守，是指掷出冰壶至一定位置，以保护得分区域内的己方冰壶不被对方击出。

（四）旱地冰壶运动的位置选择

比赛中根据战术目的的不同，投掷冰壶应选择不同的击壶角度，使冰壶停留在最佳位置，这将有利于把握比赛局势，取得比赛胜利。

（1）吸引。吸引是指将壶掷到中心位置附近，吸引对方击打，从而浪费对方一次掷壶机会，同时确保己方其他冰壶的安全（最好在营垒中心靠后的地方）。

（2）冻结。冻结是指将掷出的冰壶紧贴着营垒内对方冰壶的尾部，使对方无法破坏己方的冰壶。战术目的是阻挡对方已经得分的冰壶，并使己方冰壶的位置优于对方冰壶的位置，而不是将对方冰壶击出营垒，所以投掷力度不宜过大。

（3）击出。击出是指掷出的冰壶将对方冰壶击出营垒，同时己方冰壶也离开营垒。

（4）击出并占位。击出并占位是指掷出的冰壶击对方冰壶尾部，使之离开得分区域，并让己方冰壶占据此前对方所处位置（角度要正，力度要适中）。

（5）击出并变线。击出并变线是指掷出的冰壶击中对方冰壶侧翼，将其击出得分区域，同时利用此次撞击修正己方冰壶的滑行轨迹，使己方冰壶占据有利位置（最终位置对方击出，己方靠近营垒中心）。

（6）保护。保护是指投掷出的冰壶挡住对方可能的投掷路线，从而保护己方处于有利位置的其他冰壶免受撞击（停留位置一定不要在营垒内）。

（7）推动。推动是指用一枚冰壶撞击此前掷出的己方冰壶，使前一枚冰壶能够继续向前移动到营垒内。目的在于得分并保护。

（8）越过。越过是指后掷出的冰壶以弧线的移动轨迹越过己方先前掷出的冰壶，并进入得分区域，使先前掷出的冰壶保护后掷出的冰壶。

（五）旱地冰壶运动的战术训练

1.战术训练的任务

战术训练是整个训练内容的一部分，与技术和身体素质有着密切的关系。

首先，学生要熟练各种预定的战术行动，并能在不同的比赛条件和情况下运用自如。

其次，学生要学会观察和分析情况，并了解和决定当时应采用的战术，而且能在最短时间内从思想和行动上予以实施。

最后，学生要能够最大限度地发挥技战术能力，以抑制对方的长处发挥，从而战胜对手。重要的一点就是在最艰难的比赛条件下尽可能事先预定的战术构想。

2. 战术训练的要求及内容

战术训练的要求就是使学生了解基本的进攻型战术和防守型战术。进攻型战术是指比赛中采用高质量的投进、传进、粘贴等投壶技术，以积极得分和迫使对方犯错误为目的的打法；防守型战术是指比赛中采用单一的以击打为主的投壶技术，把对方大本营内的冰壶击出有效区，确保己方不失分或减少失分的打法。然后根据具体的比赛情况采用正确的战术。通常由六个因素决定具体战术：

（1）己方的特点：认清己方的长处和不足。

（2）对手的特点：发现对手的优势和弱点。

（3）先后手：在某一局比赛中先投壶或后投壶。

（4）局：处于一场比赛的什么阶段，即开局、中局、晚局或者最后一局。

（5）比分：比分领先或落后以及领先或落后的程度。

（6）赛道情况：赛道的特点和变化情况。

3. 战术训练方法

（1）降低战术练习的难度，在有效的难度里进行训练才能产生积极作用。

（2）在平时训练中，可以考虑在比比赛条件更为复杂的条件下练习，并且增加"对手"对抗力的方法至关重要。

（3）在限制击打次数和比赛时间的情况下进行比赛。

（4）平时利用实战比赛，以赛代练。

四、旱地冰壶运动的竞赛规则

（一）旱地冰壶比赛的组队

在四人制的团体和混合团体比赛中，每个旱地冰壶队使用8个颜色相同、重量相同的一套旱地冰壶，比赛双方使用颜色不同的旱地冰壶。

在双打比赛中，每个旱地冰壶队使用6个颜色相同、重量相同的一套旱地冰壶，比赛双方使用颜色不同的旱地冰壶。

在个人赛中，每方使用8个颜色相同、重量相同的一套旱地冰壶，比赛双方使用颜色不同的旱地冰壶。

（二）比赛中的冰壶

未投的旱地冰壶应分放在壶道投壶端两侧不影响双方投壶的位置。如果在投旱地冰壶前，发现旱地冰壶有所损坏，应向裁判提出更换冰壶，经裁判同意方可替换。如果暂时没有多余的可替换的旱地冰壶，则可以使用已被投掷过但没有停留在有效区上的旱地冰壶。

如果在投壶过程中，旱地冰壶发生破损，并且裁判认定该旱地冰壶会影响比赛正常结果的，应恢复原先旱地冰壶形，替换新旱地冰壶，重新投掷一次，如果不影响比赛，则无须恢复原先旱地冰壶形，只替换破损旱地冰壶即可。

禁止对旱地冰壶做任何的改装。

停留在有效区上的旱地冰壶称为有效旱地冰壶，否则视为无效旱地冰壶，无效旱地冰壶应放置在不影响比赛的区域。垂直下视旱地冰壶与底线接触视为有效旱地冰壶，垂直下视旱地冰壶与边线接触视为无效旱地冰壶。

（三）旱地冰壶的比赛方式

（1）四人制的男团、女团比赛。

1）比赛分两队进行，每队有4名参赛运动员，可以有一名替补队员，一名教练。

2）比赛双方轮流投一壶，一局比赛，四名参赛运动员共投8壶，双方共投16壶。每队参赛的四名运动员分别为1垒、2垒、3垒、4垒。1垒负责己方的第1个和第2个壶的投壶，2垒负责第3个和第4个壶的投壶，3垒负责第5个和第6个壶的投壶，4垒负责第7个和第8个壶的投壶。

3）壶队在比赛开始前确定并宣布本队的投壶次序、场上队长和副队长。投壶次序一经确认，在整场比赛中不得随意更改。队长不能行使队长职责的，由副队长行使。队长的职责是：赛前确定先后手；向裁判提出异议；向裁判叫暂停；签字确认比赛结果；其他需代表壶队的事项。

4）教练在比赛局间或局中向裁判提出由替补队员更换场上队员。被替补下的队员不能再上场比赛，应退出比赛区。一场比赛，最多只能替补一次。替补队员的垒位即为被替补队员的垒位，其他队员的垒位保持不变。

5）一个壶队参赛队员不能少于4人。

（2）混合团体比赛。混合团体比赛除以下两点规定外，其余都与男团、女团比赛相同。

1）每队必须有两名男队员和两名女队员。男女队员必须轮流投壶，投壶次序为：男、女、男、女或者女、男、女、男。投壶次序一经确定，整场比赛不再作改变。不设替补队员。

2）队长和副队长可以是任何队员，但是必须是不同性别。

（3）双人比赛。双人比赛包括男双、女双、混双，可以有一名教练，没有替补队员。

1）如果一方有一名队员不能参赛，则该队将被直接判负。

2）每队轮流投壶，一方共投5壶。不同局的比赛同一队的两名队员的投壶次序可以不同，两名队员的投壶次序可以在下一局发生改变，但投第1壶的队员必须投第5壶，另一队员投第2、3、4壶。

3）每局比赛开始，壶道上须在指定位置放置双方各一个壶，如指定位置为A点和B点，一个壶队如果选择了A、B点的其中一点，对方就只能放在A、B点中尚未被选择的那一点。

A点：为以下三个点位之一：

点位1：在目标端H线和圆垒边缘之间的中线的中点。放置壶的时候，壶的中心点应落在中线上，壶的边缘应与该A点重合。

点位2：点位1向圆垒方向移0.3米距离。放置壶的时候，壶的中心点应落在中线上，壶的边缘应与该A点重合。

点位3：点位1向H线方向移动0.3米距离。放置壶的时候，壶的中心点应落在中线上，壶的边缘应与该A点重合。

A点的三个点位在赛前确定后，整场比赛不变。

B点：放置壶的时候，壶的中心应落在中线上，壶的边缘应与2号圆内切。

强 A、B 点：在一场比赛中，双方最多只能使用一次，由拥有 A、B 点选择权一方使用。强 A 点与强 B 点必须同时使用。

强 B 点位置：3 号圆与 T 线相交处，放置壶的时候，将壶前缘与 T 线相切。

强 A 点位置：赛前确定的 A 点向强 B 点的同侧平移 0.4 米。

4）第一局猜先决定 A、B 点选择权，此后各局（包括加赛局），前一局未得分方获 A、B 点选择权。如果双方在一局中都不得分，该局的 A、B 点选择方继续拥有下一局的 A、B 点选择权。

5）所有有效壶（包括 A 点、B 点上的壶和大本营中的壶），在一局的第 4 只壶投出之前禁止被击出有效区（即第 4 只壶为可以将任意壶撞出有效区的第一壶）。如果违例，对方壶队将有权根据投壶后的壶形，选择有利于己方的结果：投壶有效，保持击打后的壶形，投壶无效，恢复击打前的壶形，并且，所投的壶作废，犯规方不能重新投壶。

（4）个人比赛。个人比赛为一人参加，可以有一名教练，其余规则与团体赛相同。

以上各种比赛一般采取偶数局制，比赛局间可以根据具体赛事需要设置中场休息时间。规定局数双方打平，通过加赛决出胜负。

（四）运动员的场上行为

（1）运动员在裁判或其他工作人员的带领下，列队进入赛场，比赛前双方互相友好致意后，比赛运动员留在场上，教练和替补队员等其他不进行比赛的人员在指定位置就座。

（2）非投壶方：除即将投壶的运动员外，其他运动员应安静地位于壶道的属于本方的一侧，不能做出影响对方投壶的动作或发出影响对方投壶的声音。即将投壶的队员可以静静地站在投壶端附近，准备投壶。如非投壶方有影响对方投壶的行为，投壶方将有权做出有利于本方的选择：①投壶有效；②将壶道上的壶形恢复成原先的壶形，并重新投壶。不管投壶方做出哪一种选择，非投壶方都将失去一次投壶机会，由非犯规方连续投壶。

（3）投壶方：各运动员可以在目标端壶道外商讨战术。如果因投壶方原因致使壶形发生非正常投壶变化，非投壶方将有权做出有利于本方的选择：①壶形变化有效；②将壶形恢复成投壶前的壶形，所投壶作废，如还未投壶，则丧失此次投壶机会。

（4）在指定位置就座的教练、领队、替补队员、翻译不能在比赛期间与场上比赛队员进行交流，只有在暂停期间和中场休息时间可以和参赛队员进行交流，否则，裁判将出示黄牌警告，若警告后再犯，裁判可以出示红牌，将其驱逐出场。

（五）投壶规则

（1）先后手：除了双打比赛外，除非预先决定或者由 LSD（Last Stone Draw）决定投壶先后手，否则比赛双方采取投硬币的方式决定第一局的先后手，未获先后手选择权的队获壶的颜色的选择权。保持投壶先后手顺序直到对方得分，得分的队在下一局中是先手。在双打比赛中，A点的拥有方为先手方。

LSD：①每个上场比赛运动员投一个壶；②所投壶触及1号壶记录为1，触及2号壶记录为2，触及3号壶记录为3，触及4号壶记录为4，未触及大本营记录为5；③所有运动员得分相加，分值低者获先后手选择权。如果分值相同，则由双方各派一名队员进行单轮加投直至决出胜负。

（2）除非预先确定，否则第一局的先手队有权选择整场比赛的旱冰壶颜色。

（3）赛事主办方可以根据运动员的身体特点，规定用手直接投壶还是借助推杆投壶。推杆只是手的延伸，不能有任何助力装置。

（4）每次投壶必须完全将壶置于投壶区内再出发，并且在壶的行进过程中必须触及 START 标志圆。

轮椅旱冰壶运动员在轮椅上投出时，可以将轮椅固定在投壶端H线和底线之间任何位置；投壶时，必须将壶放在中线上，壶的中心与中线重合；投壶运动员的脚禁止接触场地地面；队友可以坐在轮椅上在投壶队员后面进行帮助加强轮椅的固定。

（5）推壶时，壶必须呈直线向前行进，当壶离手或离杆时，壶初始的自行滑行线路应在直线推行的延长线上。

（6）旱冰壶到达投壶端前掷线之前必须完全离手或者与推杆分离。

（7）投壶时，应将三个滚轮贴着壶道向前推，不允许侧滚投壶。

违反上述（4）（5）（6）（7）规定的投壶，对方有权做出以下选择：①投壶有效,保持投壶后的壶形;②投壶无效,将壶恢复到投壶前的壶形,并且,所投的壶作废,犯规方不能重新投壶。如果该违规直至下次投壶完成后才发现,则不再进行处罚。

(8)投出的旱冰壶未达到近端投壶区T线,该运动员可以将壶放回投壶区重新投壶。

(9)在不计时比赛中,所有队员必须在轮到其投壶时做好准备,不得无故延误比赛时间。如果裁判认为某队员无故延误比赛,经提醒后,必须在30秒之内将壶投出,否则判罚该队员失去一次投壶机会。

(10)如果运动员误投了对方的壶,在该壶静止后可将此壶拿开,用己方的壶将其替换。

(11)如果投壶顺序出错或先后手出错,须恢复投壶前壶形,重新投壶。

(12)如果上述犯规或出错直至下次投壶完成后才发现或被提出,则不再进行任何处罚,比赛继续进行,剩下的壶由赛前确定的垒位对应投出。

(六)自由防守区(FGZ)规则

(1)目标端T线和H线之间除去圆垒部分外其余为自由保护区。

(2)触及圆垒的壶不能认为位于自由保护区内。

(3)如果在第6壶之前,由投壶方直接或间接导致对方的壶被从自由保护区移到出局的位置(即变成无效壶),则对方壶队有权根据投壶后的壶形,选择有利于本方的结果:①投壶有效,保持投壶的壶形;②投壶无效,恢复投壶前的壶形,并且,所投的壶作废,犯规方不能重新投壶。

(七)触壶的处理

(1)投壶方触壶。如果投壶方在本方投壶过程中触动滑行的壶或静止的有效壶,则对方有权选择:①投壶有效,保持投壶后的壶形;②投壶无效,恢复到投壶前的壶形,并且所投的壶作废,犯规方不能重新投壶。

(2)非投壶方触壶。如果非投壶方在对方投壶过程中触动滑行的壶或静止的有效壶,则对方有权选择:①投壶有效,保持投壶后的壶形;②投壶无效,将壶恢复到投壶前的壶形,重新投壶。

（3）非投壶过程中触动静止的壶。在这种情况下，对方有权做出如下选择：①保持触动后的壶形；②恢复触动前的壶形。

（4）如果因外力引起的触动，恢复壶形。如果双方对恢复的壶形无法达成共识，则此局重赛。

（5）触动 LSD 壶。

1）如果运动的或静止的旱冰壶由投壶队队员触动或导致其被触动，则将该壶拿开，该壶记录为 5。

2）如果运动的或静止的旱冰壶由非投壶队队员触动或导致其被触动，则该壶记录为 5。

（八）得分与胜负

（1）所有规定的局数比完后得分多者胜；或一方提前认输；或通过计算，一方的得分已不可能超过对手得分，比赛提前结束。

（2）如果所有规定局数比完，双方平分，加赛一局，直至分出胜负。

（3）每局比赛完，要进行计分。

（4）在圆垒上，一方比对方的最接近圆心的壶更接近于圆心的所有壶每壶计一分。垂直下视，触及圆垒的壶被认为在圆垒上。

（5）双方都没有壶在圆垒上，双方都不得分。

（6）得分的确认由裁判做出。

（7）在计算得分时，如果无法通过目测作出判断，启用计量工具；如果没有计量工具或计量工具也无法确定哪一个壶更接近于圆心，则此局双方得分均为零。

（8）当裁判使用计量工具出现失误而移动被测量壶时，双方各被测量壶将被认为离圆心距离相等。

（9）在确认得分前，一方如果移动位于圆垒上的壶，那么非犯规方有权做出以下有利于己方的一种选择：①按移动后壶形进行计分；②恢复移动前的壶形，如果恢复壶形有困难，裁判必须做出有利于非犯规方的处理，如果原先双方有壶离圆心的距离非常接近而无法明显区分谁更近时，那么必须裁定非犯规方的壶更接近于圆心。

（10）参赛队只有在本队投壶时才可以认输。

（九）比赛名次确定

（1）循环赛队伍排名程序。

1）在小组赛期间，相同胜负记录的队伍按照队名顺序排列，排名相同。

2）循环赛结束后，参赛队按照下列标准排名（按顺序）：①参赛队按照其胜负记录排名；②如果两队积分相同，按循环赛胜负关系排名；③当三支或三支以上队积分相同，按循环赛胜负关系排名，若仍无法完全排名，剩余队伍之间比赛记录决定排名；④若①②③后仍无法排名，则使用DSC排名，DSC是各队在循环赛期间所投的测量壶的所有LSD平均距离。

（2）根据赛事组委会制定的竞赛规程进行名次排定。

第三节 高校体育田径运动教学与科学化实践

一、高校体育田径运动训练分析

（一）高校体育田径运动训练的设计原则

田径运动设计原则是根据教育教学目的并反映教学规律而制定的指导教学工作的基本要求。根据田径运动技术教学的特殊性，在田径技术教学规律认识的基础上提出田径技术教学与设计的原则，并作为指导教学实际工作的有效行动要求。它在一定程度上决定着田径技术教学内容的安排、教学方法的选择和教学组织形式的运用。

1.属性原则与从实际出发原则

（1）田径运动的属性原则。田径的属性决定了田径训练的设计离不开运动场，田径运动中应坚持走、跑、跳等基本活动，其目的是提高运动员的成绩。

（2）从实际出发原则。不同年龄、不同性别、不同运动基础的人，田径运动训练的目的和承受力不尽相同，因而在项目设计时要根据参加者的年龄特点、本身体质特征和未来提高潜质等方面的内容，综合考虑，科学设计。

2. 适宜运动负荷原则

适宜运动负荷是指在田径教学中要根据运动员具体情况合理安排运动负荷的原则。这包括两个方面：一方面田径教学中运动员必须承受一定运动负荷（运动时间和运动强度），以提高专项技术和运动素质。适当的训练负荷将有助于学生更好地掌握技术动作；另一方面，田径课的训练负荷要合理，不要超过体能极限，影响身体健康。过度训练可能会导致局部过载和受伤事故。因此，科学设计跑步的次数、距离、组数和强度是非常重要的。

3. 趣味性与安全性原则

（1）趣味性原则。兴趣是推动人们从事各种活动的一种内部动力，趣味性原则主要是指运动员在运动技能学习中体验运动的乐趣，提高学习兴趣和积极性，活跃课堂气氛。田径教学训练中，要处理好运动技能学习和体验运动乐趣的关系，既要让学生掌握运动技能，又要让学生在教学中体验和感受运动的乐趣。可以通过选择和优化教学内容和教法，精心安排和组织教学过程，以激发运动兴趣为切入点，充分考虑采用游戏的教学形式，让学生在"乐中练、乐中学"。

在体育课设计中要正确设计教学内容，组织教学过程。可以"趣味运动"的形式进行相应设计，以激发学生的学习兴趣，也可以选择外观和结构与主要内容相似的游戏。同时游戏内容还可以改善学习环境活跃单调枯燥的技术练习，提高学生的学习积极性，促进学生运动技能的提升，但在课堂上使用游戏是为了增加学生的学习兴趣，不能代替教授运动技能。

（2）安全性原则。安全是锻炼和娱乐的先决条件。事故发生与人们的初衷背道而驰。因此，在设计项目时，需要充分评估参与者的客观条件。

4. 运动技能正迁移原则

运动技能正迁移原则是指合理安排田径各单项运动技术教学的顺序和专门练习，促进运动技能学习的正迁移。田径技术项目的教学顺序与田径运动技能迁移之间有密切关系。在安排田径教学顺序时，不仅要考虑各项技术的难易程度以及该项技术对运动员身体素质水平的要求，还要考虑各项技术之间的相互促进和干扰问题，使先学的单项运动技能对后一项目的运动技能学习起正迁移作用，避免运动技能间的干扰现象。

田径运动项目一般分为走跑、跳跃、投掷等几大类项目，各类运动项目中包括不同的单项。各单项都有一定的技术规格，同时，至于执行动作，每个元素之间有几个内部联系。跑步是跳跃和投掷的重要组成部分。进场速度和准确度与跑动技术密切相关。在练习了跑步、跳高和跳远的技术后，学习障碍和撑竿跳技术变得更容易了。在类似的项目中，执行要素的相似性更加明显。中/长跑和击剑踢腿及挥杆的协同作用有很多共同点。

虽然各运动项目之间存在一定的相似之处，如跳跃各单项在助跑、起跳、腾空、落地动作的划分上，但在每个阶段中各单项的技术特点又存在共同因素和不同因素，这些是运动技能发生正迁移和负迁移的基本条件。在跳跃项目教学中，先学习动作速度较快的单项技术，再学习动作速度较慢的单项技术，其先后顺序一般为跳远、背越式跳高、俯卧式跳高。

二、高校体育田径专项提高课程教学模式的创新

现阶段我国教育教学事业呈现出动态的发展状态，这就意味着我国高校应尽量做好教学评价、教学方法、教学目标等方面的创新，以此来提高我国高校田径专业教学的综合质量，使该专业的课程能够保持持续的发展，也使其与社会现阶段发展所提出的体育人才要求相适应。

（一）以个人全面发展和社会需求为依据

在传统的田径体育教学过程中，教师注重的是培养学生田径专项的运动能力，以及提高学生的运动成绩。现阶段高校田径体育的教学目标应该是帮助学生树立健康的体育意识，培养出学生对田径运动的兴趣，将健康体育、终身体育的思想意识渗透在田径专项的课程当中。

在田径体育课程的教学过程中，教师需要为学生传授健康的体育知识，培养学生对田径运动的兴趣，使其能够从内心发出对田径运动的共鸣，进而让学生自主地参加到田径运动当中。另外，教师需要注重的是培养学生的体育能力，通过田径专项课程，使学生不断地理解和掌握基础理论知识，也能够通过日常的训练课程和实践课程，让学生掌握基本的动作技能。以此为基础，培养学生的体育能

力，也是田径专项课程中非常重要的一点。

将国外的先进教育教学经验融合到国内的高校田径教育工作当中，教师需要从多个方面来培养学生的综合体育能力，让学生能够在遇到问题的时候，不退缩不回避，具有勇于面对问题和解决问题的精神。另外，还需要通过日常的体育训练来塑造学生的实践与创新能力，将创新思维作为实践课程的核心元素，从而实现学生各个方面的协同发展。

（二）丰富课程内容，讲求内容重新厘定

国内大部分综合性高校在专业课程的安排上，能够明显看出田径专业课程内容的学时不够允足，以至于田径教学内容受到诸多因素的限制。基于现阶段教育事业改革创新与发展的态势，高校如果想要提升自身田径专业教学质量，就需要让学生在日常教学工作中为学生提供更多关于田径理论知识与技能知识方面的内容。体育教师在课程的安排上也需要以田径专业的教育性为核心，针对教学内容中一些不必要以及不适当的内容进行删减，突出田径课程内容的基础性，也需要根据现阶段社会发展进程中体育人才缺口的现状，添加一些与其匹配的前沿性田径课程内容，以此改变以往田径课程内容的现状，使其从单一形式发展为综合形式，让学生能够通过日常理论课程和实践课程来了解最新的田径体育知识和信息。

从理论部分来看，田径专业课程中增加了运动健身原理与运动健身方法、常见的损伤预防和治疗；从技术部分来看，增加的内容有以健身为主的田径内容的细化、以竞技类为主的田径内容的细化以及以拓展为主的田径内容的细化。这样的课程内容设计，不仅能够使教学内容从以往单一的竞技教学形式中脱颖而出，还能够将田径课程内容推向综合性发展的方向，在田径教学内容中增加室内的教育分类，也增加了拓展类型的田径课程内容，能够赋予田径课程多元化特征。另外，在实际教育过程中，高校可以与社会或者一些企业开展联合办学，或者构建健身类合作教学项目，也可以为学生成立一些校外或者校内的健身俱乐部，这种联合及合作教学机制，与高校阶段学生的身心发展更加匹配，也能够为健身俱乐部的长期发展提供专业型人才。

相对于传统的田径专业课程内容，现阶段的田径课程教学内容从体系和结构上来看，不同于以往只追求技术成绩的课程内容形式，摆脱了以往教学技术落后

的现象，在新型的教学内容体系中，将更加关注学生的个人爱好以及以往的生活经历和经验等。基于这样的教学内容体系的改革能够看出教学内容与学生的学习生活之间的紧密度有所提升，与现阶段的教育内容与体育事业发展中提出的终身体育要求更加匹配。

目前，田径教学内容较以往的传统田径教学内容更具有科学性和合理性，从学生的角度来看，这些教育内容更加生活化和现代化。在教学内容上能够与学生生活学习空间相互融合，使学生的日常学习与生活能够紧密连接在一起。这就意味着田径教学内容中的基础知识、理论知识、运动技能等各方面的结构更加紧密，也说明田径课程内容在新课程改革背景下，添加了新的活力。

（三）注重创新，应用现代化的教学方法

从传统的高校田径专业教学中能够看出教师是教学工作的主体，无论是理论方面的教学工作还是技术方面的教学工作，甚至是田径运动项目中技术上的示范和练习，均以教师为主导。然而，现阶段的高校体育教育事业发展应该以学生为主体，无论是教学方法还是教学模式，都应该突出学生的主体地位。所以在田径专业的教学方法改革中尚需要以学生的整体素质为核心，在教学模式的选择上，应该注重趣味性、多元化以及自主性，要将创新教育的理论和思想渗透在田径专业课程当中，要以教学目标的实践为导向，以激发学生学习兴趣为前提，秉承以学生为主体的基本原则，为学生提供个性化的发展平台。

在现阶段的田径专业教学中，学生和教师之间更倾向于合作关系，教师更应该是学生的引导者，如此才能够让田径课程更具趣味性。教师需要帮助学生树立终身体育的意识，要让学生通过体育运动，对未来充满自信，能够具备解决问题的能力。

目前，教师现教学任务是让学生能够自主学习田径课程内容，掌握正确的学习方法，教师要为学生提供更加多元化的教学手段，如此学生才会对田径课程的理论知识和动作技能有更加深入的了解。除此之外，体育教师应灵活掌握现代教育技术中的各项教育手段，利用现代教育技术丰富田径课堂的教学形式。

三、高校体育田径运动教学评价的创新——多智能评估系统

（一）田径运动教学多智能评估的原则

1. 全面性原则

田径运动教学评价在内容上必须全面、真实地反映影响评估对象的所有实际因素。多智能评估系统中的指标要结合起来，形成一个互不重叠或相互无矛盾的体系。而且，这些指标的组织方式不同，所以每个指标的权重也不同，形成了完整的评估。多智能评估系统中的指标不是单一且孤立的，他们形成的是一个整体，是相互依存、相互影响的，结合了多种因素，从系统的、综合的视角来评估学生的学习效果。多智能评估系统倡导"全面且真实的评价"，非常重视将学生的学习与自身的经验相结合，达成教学过程与评价过程的一体性，使评价真正有效地发挥引导、反馈、评审和激励学习活动的功能。因此，要建立多智能评估系统，开发各种评估工具，让学生主动收集评估信息。而后向学校提供自我评估信息，使多智能评估系统的结果更加真实。

2. 主体性原则

主体性原则下，被评价者的积极性和主动性被充分调动起来，履行"以人为本"这一评价理念。

3. 发展性原则

发展性原则意味着评估应该关注、促进和服务于学生的发展，避免为评估而评估。评估应该集中在学生个人能力的发展上。学校的学习评估应旨在提供及时的反馈，让学生有一个客观的认识，在此基础上提供学生的心理发展情况。

第一，发展原则的实施应打破"为评估而评估"的陈旧理念，防止实践中出现各种"为评估而评估"的现象。

第二，要正视学生评价，不要成为学生的"敌人"，要帮助学生对自己的成绩产生信心，找出自己发展中存在的问题，以反馈的形式促进学生发展。

（二）田径运动教学多智能评估的指标

当前田径教学的多元智能评估指标有很多，而且每个指标的层次是不同的，

有些指标的模糊性很强，因此，以考虑专家的经验和意见、田径学科的知识体系为主，构建田径教学的多元智能评估指标体系。田径教学的多元智能评估指标体系是独立的系统，其可分为 8 个子系统：①语言和文字智能；②数学和逻辑智能；③视觉和空间智能；④音乐和节奏智能；⑤身体和运动智能；⑥人际关系智能；⑦自我意识和自我反思智能；⑧自我审视智能。在任何一个子系统中，都有多个指标在协调合作，这是建立在问卷调查之上田径教学的多元智能评估指标体系。

评价指标用来衡量事物的角度、维度。如果想衡量一个事物所具有的价值，就需要找到能够表征该事物属性和特点的维度，而这些就是评价指标。一个指标体系是由许多指标的制约、协作形成的集合。指标体系是决定评价结果是否具有客观性、可靠性的主要因素。建立指标体系的过程也是一个达成价值共识的过程，这对科学评估至关重要。复杂系统中的各个组成部分是相互依存的，并根据无法直接测量的客观规律进行互动。但是，教育者能够根据自己的理解，构建一些理论模型、理论假设，将系统的某些可以直接测量的属性联系起来，然后记录演变的过程，而指标是对这些可测量的特征的衡量。

结束语

体育教学是反映学生身体素质和精神面貌的主要途径，也是学校教育的重要一环。高校体育锻炼与大学生身心健康具有密切的关系，良好的身体素质和健康的心理，是适应社会激烈竞争的重要保证。高校体育作为高校教育的重要组成部分，在提高大学生的智力水平、增强大学生的自我意识、提高大学生的社会适应能力等方面具有不可替代的作用。立足于身体活动对人的整体影响，将锻炼、技能等身体活动提升至科学化层面，这正是值得探索的关键点。

参考文献

[1] 蔡丽娇.基于混合学习的微课应用模式研究[J].继续教育研究,2021(2):157-160.

[2] 陈爱莉.提高我国高校学生体质健康水平的科学体育锻炼方法[J].中国劳动关系学院学报,2007,21(6):107-110.

[3] 陈坚伟.MOOC时代中国高校体育在线课程建设现状与发展对策[J].成都体育学院学报,2015(3):109-114.

[4] 陈婧,周涛,李仕明.健康体适能课程对大学生身体素质的影响[J].福建体育科技,2021,40(03):75.

[5] 董英辉.高校体育教学中的学生心理素质训练途径探究[J].湖南师范大学社会科学学报,2013(z1):310-311.

[6] 房辉.刍议体育微课在高校体育教学中的运用[J].当代体育科技,2022,12(1):61.

[7] 高凤华,高岩松.高校体育的个性化教育[J].南京社会科学,2002(6):83-85.

[8] 高军,杨丹.对高校高级知识分子体育锻炼现状的研究[J].中国体育科技,2002,38(9):27-29.

[9] 葛会欣,王金娜,冯瑞刚.普通高校体育课教学实施"自主锻炼"的必要性[J].体育学刊,2000(4):100-101.

[10] 洪燕燕.对微课的制作与使用的思考[J].中学物理(高中版),2017,35(5):4-5,12.

[11] 侯付禄.高校青年体育教师备课应注意的六个问题[J].考试周刊,2012

（17）：115.

[12] 贾桂云. 高校体育与健康教育 [J]. 体育文化导刊，2005（12）：51-52.

[13] 蹇晓彬，郭赤环. 高校学生体育锻炼动机及其影响因素的相关性分析 [J]. 体育学刊，2008，15（7）：58-62.

[14] 李凤玲，曹焕男，吕静. 石家庄市普通高校大学生体育锻炼现状调查与分析 [J]. 大家，2010（9）：58.

[15] 李蕊，李建玲，李浩，等. "慕课"背景下运动生理学教学模式改革探讨 [J]. 山东体育科技，2017，39（2）：76-78.

[16] 李山. 高校轮滑教学存在问题及发展 [J]. 智库时代，2019（25）：201.

[17] 李晓东. 高校体育课程校本教材建设探微 [J]. 大学教育科学，2007（2）：55-58.

[18] 李雁，张纪春. 高校校园体育锻炼氛围培育途径研究 [J]. 体育文化导刊，2018（3）：113-117.

[19] 梁奎. 学生居家体育锻炼设计原则的探讨 [J]. 青少年体育，2021（04）：104.

[20] 蔺麒，吴迪，袁春杰. "体育生活化"与高校体育课程改革 [J]. 广州体育学院学报，2021，41（4）：104-106.

[21] 刘景黎. 高校大学生体育锻炼现状调查与研究 [J]. 辽宁教育研究，2007（7）：47-49.

[22] 刘龙柱. 培养高校学生对体育锻炼兴趣的方法研究 [J]. 体育学刊，2000（6）：66-68.

[23] 刘文华，朱桦. 论高校体育教育的创新 [J]. 上海体育学院学报，2003，27（6）：133-134.

[24] 刘晓莉. 参与高校体育社团对大学生体育锻炼习惯养成的各阶段影响研究 [J]. 南京体育学院学报（社会科学版），2009，23（3）：98-100.

[25] 罗玲红. 论高校体育教育与终身体育教育 [J]. 北京体育大学学报，2002，25（6）：829-830.

[26] 吕艳丽. 高校体育教学中核心力量训练的运用现状与方法研究 [J]. 当代体育科技，2019，9（36）：16.

[27] 马骉. 有关高校体育训练中提高耐力素质的研究 [J]. 品位经典, 2020（12）: 158.

[28] 马金凤. 我国高校体育教学改革探讨 [J]. 山东体育学院学报, 2014, 30（2）: 105-109.

[29] 聂东风. 体育锻炼的科学理论与实践指导 [M]. 西安: 西北工业大学出版社, 2013.

[30] 潘跃华. 论高校体育教学改革 [J]. 成人教育, 2012, 32（7）: 117-118.

[31] 平倩. 微课在应用型高校教学中的应用研究 [J]. 现代教育科学, 2021（2）: 141-146.

[32] 孙璞, 王桂香. 民办高校大学生课外体育锻炼现状研究 [J]. 沈阳体育学院学报, 2008, 27（5）: 109-111.

[33] 王欣. 大学田径运动训练管理方法 [J]. 山东农业工程学院学报, 2019, 36（2）: 52.

[34] 王政. 微课设计在课程中的应用 [J]. 成人教育, 2014, 34（9）: 111-112.

[35] 夏祥伟, 黄金玲, 刘单. 高校研究生体育锻炼行为的实证研究 [J]. 华东师范大学学报（教育科学版）, 2018, 36（5）: 114-128.

[36] 徐焕喆, 赵勇军. 新时代我国高校体育教学改革任务及措施 [J]. 体育文化导刊, 2022（2）: 98-103.

[37] 许万林, 干云升, 刘少敏, 等. 高校体育教师教学能力评价因素选择及其机制构成 [J]. 经济研究导刊, 2021（20）: 86.

[38] 许砚田, 毛坤, 邢庆和. 高校体育教学模式的探讨 [J]. 北京体育大学学报, 2001, 24（4）: 508.

[39] 许颖珊. 由高校体育慕课引发的教学模式思考 [J]. 拳击与格斗, 2021（4）: 7.

[40] 轩红芹. 信息化时代微课建设特质的几点认识 [J]. 中国大学教学, 2020（6）: 82.

[41] 杨辉. 高校体育的困境与出路 [J]. 体育学刊, 2014（4）: 71-76.

[42] 杨乃彤, 尹博. 高校体育课程设置改革探微 [J]. 首都体育学院学报, 2005, 17（6）: 98-99, 109.

[43] 杨清源. 浅谈线上微课视频的制作与思考 [J]. 中学物理（高中版）, 2020,

38（8）：43-46.

[44] 尹合栋.微课程的设计、开发与评价[J].现代教育技术，2015，25（1）：46-52.

[45] 张纬奇，王鹏.微课在高校体育教学中的SWOT分析及路径选择[J].山东体育科技，2016，38（6）：76-78.

[46] 张燕杰.高校体育教学应加强磨砺教育[J].体育学刊，2008，15（8）：61-63.

[47] 张玉秀.江苏高校大学生体育锻炼方式与体质健康的相关性研究[J].南京体育学院学报（社会科学版），2006，20（4）：22-25.

[48] 周海雄，汪玲玲，阮美飞.高校体育教学的基本形式与模式[J].上海体育学院学报，2003，27（6）：139-141.

[49] 周玲元，付莲莲，赵婉婷.高校微课使用行为的感知差异性分析[J].黑龙江高教研究，2020（1）：104-110.

[50] 庄容，程华平.重视科学理论教育提高高校体育实践课质量[J].山东体育科技，2003，24（2）：31-32.

[51] 左晓瑛.高校体育教学改革探讨[J].福建茶叶，2020，42（1）：150.